KB237979

처음 만나는 헌법

차병직   처음 만나는 헌법

창비
Changbi Publishers

책머리에

안녕하십니까. 변호사 차병직입니다. 이렇게 말씀 드리고 나니 그다음에는 뭐라고 할지 잠시 망설이게 됩니다. 자기소개를 조금 더 상세히 하든지, 아니면 바로 그다음 이야기로 넘어가야겠지요.

한마디에 불과한 인사말을 한 뒤 주저하게 된 것은, 이 작은 책의 기획자이자 편집자가 '포장을 가미하여' 필자와 헌법의 관계를 잘 써보라고 했기 때문입니다. 독서를 좋아하는 분들은 아시다시피, 책은 저자 혼자서 쓰는 것이 아닙니다. 저자와 편집자가 함께 만드는 것입니다. 이 책이 포함될 '교양100그램' 시리즈도 창비의 편집팀이 아이디어를 내어 기획한 작품입니다. 저는 편집자의 제안을 받아들여 이 원고를 쓰기 시작했기 때문에, 원고의 내용을 채워가면서 항상 편집자가 제시한 말을 떠올리는 가운데 그 틀을 벗어나지 않으려 노력합니다.

그렇게 글을 쓰다보면 앨리스에게 조종당하는 하얀 왕이 된 기분이 들기도 합니다. 루이스 캐럴(Lewis Carroll)이 쓴『이상한 나라의 앨리스』의 속편인『거울 나라의 앨리스』에서 앨리스는 하얀 왕의 연필 끝을 움직여 자기 의도대로 글을 쓰게 만듭니다. 담당 편집자가 '포장'하라는 지시를 한 순간, 저는 저의 펜이 멈칫하는 것을 느꼈습니다. 포장한다는 것을 그럴듯하게 꾸며서 실제보다 더 나아 보이게 만든다는 의미로 받아들였으니까요. 좀 과장되게 부풀려서라도 제가 헌법에 대해서 꽤 안다는 표시를 내라는 명령으로 이해했지요.

그러나 조금 생각해보니 그게 아니었습니다. 포장의 원래 기능은 거짓으로 꾸민다는 게 아니라 내용물을 잘 보존하는 것이라는 점을 깨달았습니다. 저와 헌법에 관한 기억으로 잘 포장하여 이야기를 전개해보라는 의미를 이해하자, 비로소 저는 하얀 왕에서 필자로 돌아와 앨리스가 아닌 편집자와 잘 협력할 수 있게 되었습니다.

새가 날아다니는 높이에서 지난 과거를 훑어보며 읽기 전용의 기억장치를 움직여봅니다. 무려 36년 전, 20대 끄트머리에 변호사 일을 시작했습니다. 그러던 어느날, 농민운동을 하던 학교 선배 한 사람이 제 방에 들렀다가 서가에 꽂힌 책 한권을 뽑더니 이렇게 말하는 것이었습니다. "아니, 헌법을 읽는 변호사도 있나?" 대학에서 헌법을 가르치던 친구가 보내준 교과서였습니다. 저는 그 선배의 말을 "변호사도 헌법을 읽어야지"로 새겼습니다. 헌법을 모르고 법을 말할 수 있나 하는 생각도 언뜻 들더군요. 마침 그 즈음 창설한 참여연대 일도 함께하고 있었는데, 시민단체가 하는 주된 일이 권력 감시 운동이었습니다. 국가권력기구가 제대로 작동하는지 살펴보려면 그 권한의 근거가 되는 헌법 지식이 필요했습니다. 시민의 힘으로 세상을 바꾸려면 헌법에서부터 실마리를 풀어야 한다는 사실은 무척 흥미로웠습니다.

남는 시간에는 학교 수업을 맡았습니다. 여러 대학에서 '형사소송법' '법과 문학' 'NGO와 법' 등을 강의했는데, 모두 헌법적 기초 없이는 불가능한 이야기들이었습니다. 그러는 사이 헌법 교과서 한권이 꽂혀 있던 서가에는 어느덧 수백권의 헌법 관련 서적이 쌓이게 되었습니다. 법정과 광장과 강의실을 돌아다니며 좌충우돌하는 가운데, 수많은 헌법적 질문과 맞닥뜨리기도 했습니다. 법률가·시민·학생들이 제게 던진 질문은 저의 헌법 정신과 지식을 테스트하는 구술시험이나 마찬가지였습니다. 그 과정에서 오늘 이 자리 이 지면을 통해 헌법에 관한 이야기를 하게 된 것입니다. 그러니 이 책은 헌법이 무엇인지 묻는 독자들께 제출하는 저의 미완성 답안지입니다.

2025년 현재, 우리는 새삼스럽게 헌법과 헌법 정신에 대해 묻게 되었습니다. 무엇이 위헌적이고 위법한지 논쟁하는 일은 대통령의 파면으로 일단락된 것 같아도, 아마 질문은 계속될 것입니다. 어쩌면 이 끈질긴 질문이야말로 헌법 정신에 부합하는 것일지 모르겠습니다. 우리가 이 질문을 놓치지 않는다면, 헌법은 더 나은 공동체를 만들어가는 데 발판이 될 수 있을 것이기 때문입니다. 이제 포장지를 뜯고 이어가주시기를 바랍니다. 고맙습니다.

2025년 4월

차병직

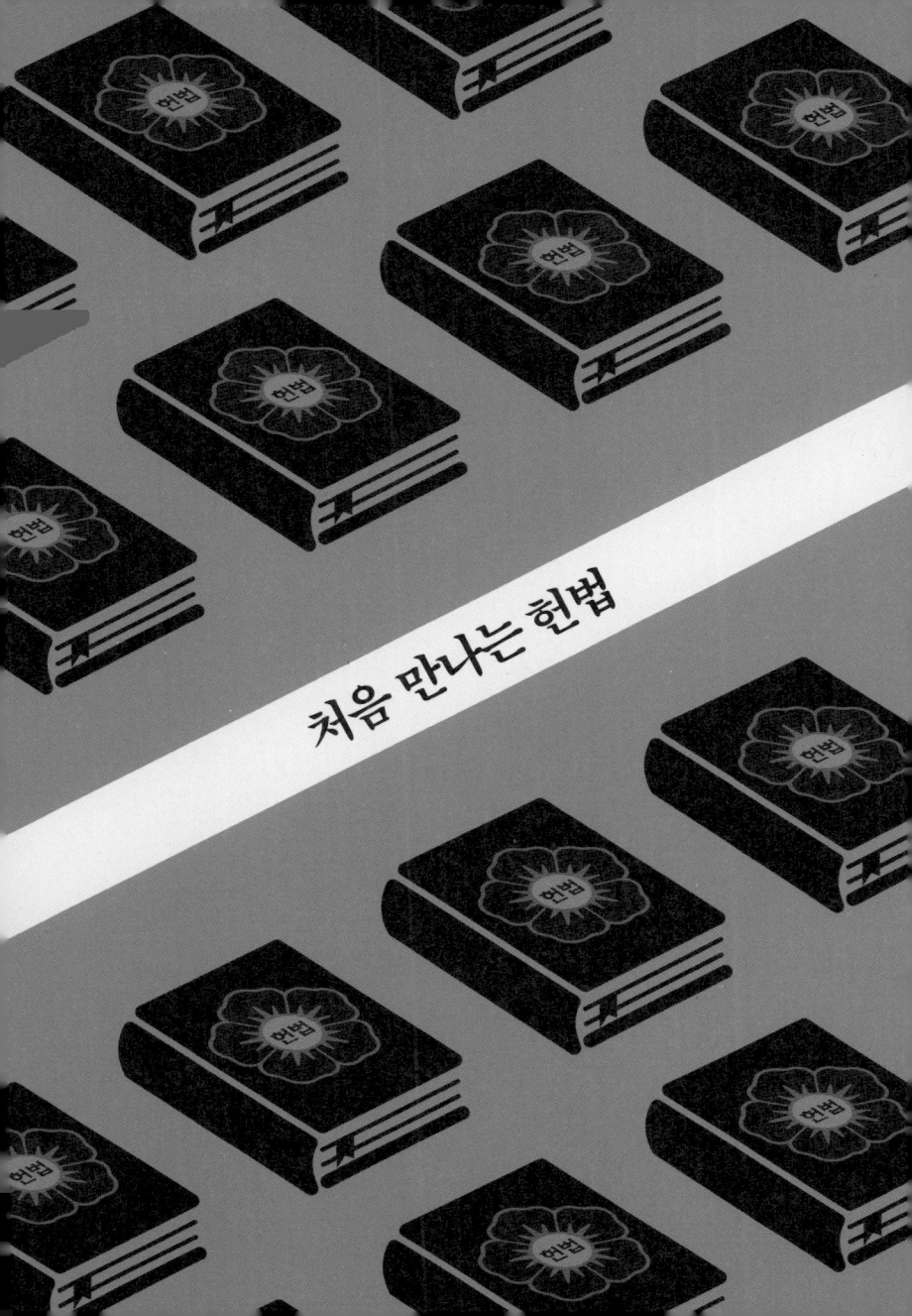
처음 만나는 헌법

헌법 공부의 이유

　대부분의 사람들은 공부보다는 놀기를 더 좋아할 것입니다. 확실히 알 수는 없지만 제가 그렇고 제 주변의 가까운 친구들도 대체로 그렇기 때문에 그렇게 짐작합니다. 어떤 친구는 공부를 더이상 하지 않기 위해서 공부한다고 하더군요. 공부를 정말 좋아하는 사람도 있지만, 웬만한 사람들은 저나 제 친구들 같을 것이라는 생각입니다. 공부하는 것은 읽는 일이 기본입니다. 일단 읽은 다음 반복해 익히거나 생각하며 무엇인가를 점점 넓혀갑니다. 오에 겐자부로(大江健三郎)는 평생을 읽으며 성장했다고 스스로 평가하더군요. 물론 문자와 인쇄술이 발명되기 전에도 공부하는 방법은 있었지만, 지금 우리는 읽으며 공부합니다. 그러니 읽는 인간과 노는 인간으로 구분할 수 있을 것 같은데, 또 한편으로는 읽는 사람도 놀 때가 있고, 노는 사람도 읽을 때가 있지요. 그럼에도 비교적 많은 사람이 놀기보다 공부를 싫어하는 이유는 읽기가 힘이 들기 때문일 것입니다. 책읽기에 비하여 텔레비전이나 유튜브를 보는 일은 수월하게 여겨집니다. 따지고 보면 읽기나 시청하기나 같은 보는 행위인데 다르게 느껴집니다. 아마도 책읽기는 적극적으로 생각을 병행해야 하기 때문에 힘이 더 드나봅니다. 활자를 보는 데 그치지 않고 파헤치듯이 밀고 나아가야 하지요. 머릿속으로 끊임없이 쟁기질을 해야 공부가 되니, 당연히 귀찮게 여겨집니다. 공부를 놀이처럼 하거나 놀이를 공부처럼 할 수 있다면 좋을 텐데 말입니다. 그런데 새삼 왜 공부, 그것도 헌법 공부 이야기를 하려는 것일까요?

출판사마다 책이 팔리지 않는다고 아우성인 것만 봐도 읽기가 인기 없다는 사실을 알 수 있습니다. 그런데 가끔 예상하지 못한 일들이 일어나곤 합니다. 2016년 12월 대통령 박근혜 탄핵 사건이 일어났을 때와 2024년 12월 대통령 윤석열에 대한 탄핵소추가 이뤄졌을 때 갑자기 헌법에 관한 책이 많이 팔리기 시작했습니다. 평소 같으면 눈여겨보는 사람이 거의 없을 것 같은 헌법 책이 팔린다는 것은 이례적인 현상이지요. 나라 일에 관심이 많은 시민들이 특별한 정치적 상황을 맞아 구체적으로 알고 싶은 것이 생겼기 때문일 테지요. 자기가 관심을 가지고 있는 분야에 대해서 근본적이고 깊이 있는 지식이나 정보가 필요하면 누가 시키지 않아도 스스로 공부를 하게 되는 것입니다.

대통령이라는 지위나 탄핵이라는 제도는 모두 헌법이 규정하고 있습니다. 그런데 조금만 더 생각해보면 그뿐만이 아닙니다. 우리 일상생활의 정치적 환경이 되는 모든 제도는 헌법과 관련이 있습니다. 유치원의 교육, 대학 입시, 직장과 노동조건, 가족과 주택, 보험과 노후 생활 등 모든 제도의 기본이 헌법에서 비롯합니다. 그렇다면 대통령 탄핵과 같은 충격적인 사건이 계기를 마련해주지 않더라도 헌법은 국가라는 지붕 아래서 공동체 생활을 하는 사람이면 누구나 관심을 가져야 할 대상이지요. 수많은 다른 공부 사이에 헌법 공부도 빠뜨려서는 안 되는 이유가 거기에 있는 것입니다.

한편 정치적 이슈를 떠나서 사회와 문화는 계속 바뀌어갑니다. 인구 구성이 급격히 달라지고, 인공지능·가짜뉴스·사이버범죄 등의 변화가 눈에 띄죠. 이런 급변하는 세상에서 우리는 새삼 왜 헌법을 공부해야 할까라는 문제를 다시 생각하게 됩니다. 우리가 헌법질서 속에서 살아가기 때문일까요? 맞습니다. 하지만 지금 우리 헌법은 거의 반세기 전에 만든 것인데,

그런 구닥다리 법이 지금 현실에 맞는 것인가 의심스럽기도 합니다. 만약 우리가 헌법을 개정한다면 전문에서든 본문의 어느 조항에서든 이와 같은 현재와 미래 사회의 변화를 담거나 상징하는 문구를 넣을 수도 있을 것입니다. 그런데 꼭 그러한 작업이 필요한 것은 아닙니다. 그런 조항이 없더라도 국가는 미래 지향적 정책을 수립하고 또 수행해야 합니다. 그것이 바로 헌법이 국가권력기구에 요구하는 바이기도 하니까요.

50년 전에 만든 헌법이건 100년 전에 만든 헌법이건 엊그제 새로 만든 헌법이건 한번 만든 헌법은 우리 생활을 규율합니다. 헌법이 도대체 무엇이길래 그럴 수 있을까요?

헌법이란 무엇인가

헌법이 무엇이냐는 질문을 종종 받습니다. 헌법이 국가의 기초라고 하는데 왜 중요한지, 그리고 일반 시민들의 일상과는 또 어떤 관련이 있는지 궁금해들 하시지요.

헌법이 무엇인지를 가장 쉽게 알려면 아무 헌법 교과서나 들고 그 첫 페이지를 열어보면 됩니다. 대개 헌법을 가리켜 '법 위의 법' '최상위의 법' 또는 '기본법' '근본법' 등으로 표현하는데, 그것은 형식상의 개념이라고 보면 됩니다. 그렇다면 실질적인 의미의 헌법은 무엇일까요. 일반적이고 이해하기 쉬운 헌법의 실질적인 정의를 말해보라고 한다면, 바로 '국가권력 기구의 조직과 권한의 배분에 관한 법'이라고 할 수 있습니다. 사실은 이 정의가 헌법의 전부 또는 핵심이라고 할 수 있습니다. 왜 그런지 살펴보겠습니다.

어떤 사전에서 헌법 항목을 찾아보니 이렇습니다. "국가의 기본 법칙으로서 국민의 기본적 인권을 보장하고 국가의 정치 조직 구성과 정치 작용 원칙을 세우며 시민과 국가의 관계를 규정하거나 형성하는 최고의 규범"(위키백과)이라는군요. 정말 복잡합니다. 독일 학자들이 헌법의 표준적 정의 중 하나로 들기도 하는 헌법학자 하인리히 최플(Heinrich Zöpfl)의 정의를 볼까요. "헌법은 한 국가에서 통치 형태 및 정부 형태와 관련된, 즉 국가권력의 조직과 국민의 권리 및 그들 사이의 상호 관계와 관련 있는 유효한 법 원칙의 총체이다." 이건 뭐 더 복잡하지요? 다른 교과서들을 참고해보니 조금 줄여서 표현했습니다. 종합해보면 이렇습니다. "헌법은 국가의 통치 조직과 작용의 기본 원리 및 국가기관의 권한을 정하고 국민의 기본권을 보장하는 근본 규범이다." 권력기구나 통치기구(조직)는 비슷한 말입니다. 그렇다면 길게 표현하나 짧게 표현하나 헌법은 '국가권력기구에 관한 것과 기본권 보장에 관한 것으로 구성된 최고법'이라는 것입니다.

　　이 말을 더 줄여본다면 앞부분과 뒷부분 중 어디를 생략해야 할까요? 헌법은 국가권력기구에 관한 최고법이라고 해도 맞고, 기본권 보장을 위한 최고법이라고 해도 맞습니다. 둘 중에 어느 쪽이 더 중요하냐고 묻는다면, 아마도 누구나 기본권 보장이라고 대답할 것입니다. 그렇다면 더 줄여서 정의할 경우 '헌법은 기본권 보장을 위한 최고법'이라고 해야 할 것으로 보입니다. 하지만 저는 앞에서 '헌법은 국가권력기구의 조직과 권한의 배분에 관한 법'이라고 했습니다. 물론 저 혼자만의 독단적인 견해가 아닙니다. 대부분의 헌법 전문가들이 그렇게 말합니다. 왜냐하면, 국가권력기구의 존재 이유가 국민의 기본권 보장이기 때문입니다. 기본권 보장은 굳이 말하지 않더라도 너무나 당연하다는 전제가 깔려 있는 것이지요. 기본권 보장은 당연하지만, 권력기구의 권한은 당연한 것이 아닙니다. 내버려두면 어떤 폭력을 행사할지 모릅니다. 국가권력은 그 권한을 엄격히 정하고 한계를 분명히 그어놓아야 그 목적인 국민의 기본권 보장을 위해 작동하고 범위를 벗어나 엉뚱한 길로 가는 위험을 예방할 수 있는 위태로운 것입니다.

기본권 보장은 목적이므로 지켜야 할 중요한 가치입니다. 반면 국가권력은 목적 달성을 위한 하나의 수단입니다. 목적은 굳이 표현하지 않아도 변함이 없지만, 국가권력은 정확하게 정하지 않으면 혼란을 초래합니다. 그래서 헌법을 가장 짧게 정의한다면, '국가권력에 관한 최고법'이 되는 것입니다.

헌법이라는 말

헌법을 왜 헌법이라고 부르게 되었을까요? 헌법이라는 단어의 기원을 알아보는 일도 헌법을 이해하는 데 도움이 될 것입니다.

헌법은 누구나 아는 것처럼 한자어입니다. 헌법을 처음으로 헌법(憲法)이라고 쓴 사람은 일본의 미쓰쿠리 린쇼(箕作麟祥)로 알려져 있습니다. 1873년 미쓰쿠리가 프랑스 헌법 서적을 번역하면서 콩스티튀시옹(constitution)을 헌법이라고 한 것입니다. 한자 헌(憲)은 '본보기' '높은 것' '으뜸' '법'이라는 의미를 가졌으니, 헌법을 최고법이라는 의미로 새긴 것입니다. 그 당시 일본에서는 콩스티튀시옹을 국헌(國憲)·율례(律例)·근본율법(根本律法)·건국법(建國法) 등으로 번역했는데, 미쓰쿠리 이후에 헌법으로 정착되었습니다.

영어 컨스티튜션(constitution) 역시 프랑스어에서 온 것이고, 프랑스어 콩스티튀시옹은 라틴어에서 온 것입니다. 라틴어 콘스티투오(constituo)는 '세우다' '조직하다'라는 뜻인데, 여기서 헌법이라는 뜻의 콘스티투티오(constitutio)가 파생되었습니다. 1577년 라틴어 의학서적에 보면 콘스티투티오는 원래 신체의 상태를 말하는 용어였습니다. 인체의 구조나 상태처럼 사회나 국가도 제대로 살아 움직이려면 유기적인 기관이 있어야 한다는 생각으로 이어졌지요. 신체의 상태에서 사회의 상태가 유추되면서 이 말이 국가를 건설하고 정부를 조직하는 의미로 변화하게 된 것입니다. 그러니 헌법은 신체를 국가의 은유로 보는 시각에서 비롯한 개념어입니다. 독일어에서도 콘스티투치온(Konstitution)이 먼저 사용되었지만, 나중에 상태·질서를 의미하는 페어파숭(Verfassung)이 헌법을 뜻하는 말로 굳어졌습니다. 라틴어 콘스티투티오는 이탈리아어와 프랑스어에 영향을 끼쳤고, 영어를 거쳐 일본에서 한자어 '헌법'으로 번역되어 중국과 한국, 그리고 북한에서 사용되고 있습니다.

어원에서 보듯이 헌법이라는 어휘에는 국가의 건설이나 정부 조직의 의미가 들어 있지만, 정작 기본권 보장의 의미는 없습니다. 기본권 보장은 당연한 것이니까요. 어떻게 당연한 것으로 여기게 되었는지는 뒤에서 더 보기로 합니다.

국가와 헌법: 헌법의 탄생

헌법이라는 말이 생기기 전부터 헌법은 이미 있었습니다. 그야 세상에 존재하는 거의 모든 것이 그럴 테지요. 애당초 있던 것을 우리는 이름을 붙여 부르기 시작합니다. 혹시나 현대 과학이 자연이 줄 수 없는 것을 만들어내는 데 성공한다면 예외가 될 수는 있겠죠. 헌법은 자연처럼 저절로 생긴 것이 아니라 사람이 만든 제도여서 헌법이라고 만들어 부르기 전에는 없었을 것 같지만, 아닙니다. 헌법을 권력기구의 조직과 권한의 배분에 관한 규범으로 정의하면, 헌법이라는 말을 사용하기 전에도 그런 규범은 있었다는 것이지요. 고대 그리스 도시국가에도 최종 의사를 결정하고 집행하는 기구가 있었고, 그것에 관한 규칙도 존재했습니다. 그렇다면 그것이 사실상 헌법인 것이지요. 인간들의 다른 공동체에서도 마찬가지였을 것입니다. 그런 실질적 의미의 헌법이 애당초 존재했기 때문에 오늘날 헌법이라 부르는 규범이 존재할 수 있습니다. 헌법이 어느 순간, 단순하게, 인위적으로 만들어진 것이 아니기 때문입니다. 헌법은 오랜 세월에 걸친 인간의 경험과 이성적 노력의 결과입니다.

우리가 헌법이라고 부르기 시작한 것은 근대 헌법부터입니다. 근대 헌법이란 근대국가의 헌법입니다. 여기서 근대의 의미에 대한 탐구는 생략하고 넘어가겠습니다. 헌법과 관련해서, 근대국가는 주권혁명 이후의 국가라고 정리합니다.

주권은 최고 결정권이라고 이해하면 됩니다. 국가의 주권은 누구에게 있을까요? 예전에는 인간사회의 주권이 신에게 있다고 믿기도 했습니다. 그리고 모든 결정권을 가진 그 신은 인간사에 일일이 직접 간섭할 수 없으니 대신 수행할 사람을 지정했습니다. 바로 군주입니다. 왕·황제 등으로 불리던 존재들입니다. 왕의 권한은 신으로부터 부여받은 것이라는 뜻에서 왕권신수설이라는 이론도 등장했지요.

군주가 가지고 있던 주권이 모든 국민에게 돌아온 사건이 주권혁명입니다. 군주가 주권자일 때 국민은 군주의 통치 대상일 뿐이었습니다. 그래서 국민이나 인민이라고 하지 않고 신민이라고 했지요. 그런데 한순간에 모든 것이 역전된 것입니다. 모든 국민이 주권자라는 것인데, 그런 사상을 국민주권주의라고 합니다. 그 결과를 '통치자와 피통치자의 동일성'이라고 표현하기도 합니다. 통치하는 사람과 통치당하는 사람의 구별이 없어졌다는 말이지요. 실로 엄청난 일이었습니다. 그러니까 혁명이라고 하는 것입니다.

모든 국민이 주권자라면 그 주권을 어떻게 행사할 수 있을까요? 그 문제를 해결하기 위해 고안된 제도가 대의제입니다. 대의제는 전체 주권자가 동시에 모여 주권을 행사할 수 없으니 대표자를 뽑아 대신 행사하도록 하는 방법입니다. 의회제도가 그렇게 탄생했습니다. 그렇다고 모든 권한을 의회에만 맡기면 위험할 수 있지요. 의회가 결정한 내용을 집행하는 기관은 따로 설치해 행정부를 만들었습니다. 그 모든 과정과 결과를 포함해 옳고 그름을 따져 질서를 잡기 위한 목적으로 세운 기관은 사법부입니다. 주권을 제대로 실행하려면 권력분립이 필요한 것이지요. 그것을 바탕으로 법치주의를 실현하고요.

이렇게 국민주권주의·대의제·권력분립·법치주의 등을 기본으로 하는 헌법을 근대 헌법이라고 할 수 있습니다. 대의제·권력분립·법치주의 등은 통치기구를 어떻게 정하고 권한의 배분을 어떤 식으로 하느냐에 관한 것이지요. 그 모든 권력은 국민주권에서 나옵니다. 권력기구의 존재 이유는 국민주권의 실현에 있습니다. 국가권력은 국민의 주권에서 나오고, 국가권력의 작용은 국민의 기본권 보장으로 귀결됩니다. 이것이 단순화한 근대 헌법의 원리입니다.

근대국가와 근대 헌법 이야기를 하면서 정작 국가란 무엇인가는 빠뜨렸군요. 주권자인 국민이 기본권을 보장받으려면 헌법이 필요한데, 헌법을 작동할 힘이 있어야 합니다. 그 힘이 바로 국가의 권력기구 또는 통치기구입니다. 주권자는 주권을 실현시키기 위해서 헌법을 만들고, 헌법을 작동하기 위해서 국가를 만들었다고 볼 수 있습니다. 그런데 국가가 먼저 있어야 헌법을 만들 수 있는 것이 아닌가 하는 생각도 듭니다. 국가는 헌법이 필요하고, 헌법은 국가가 필요한데, 어느 것이 먼저일까요?

인간들이 모여 일정한 공동체를 이루면, 전체를 이끌어갈 의사결정 방법을 정해야 합니다. 그 규칙이 실질적 의미의 헌법이라고 했습니다. 그러다 공동체가 커지고 효율적으로 운영해야 할 필요가 생겼습니다. 좀더 복잡하고 체계적인 조직이 있어야 전체가 행복을 기대하며 살 수 있게 된 것이지요. 그때 인간 중심의 이성적이고 합리적인 방식으로 운영이 가능하도록 형태를 갖춘 공동체가 국가입니다. 개인의 힘만으로 불가능한 목적을 달성하기 위해 만든 것이 단체인데, 그중에서 가장 완성도가 높은 것이 국가입니다. 국가가 없으면 인간은 자신의 자유와 권리를 제대로 누릴 수 없습니다. 국가는 헌법을 가지면서 비로소 근대국가로 완성됩니다. 그런가 하면 헌법이 제정되면서 국가가 비로소 탄생하는 것이기도 하지요. 그러니 국가와 헌법은 서로 보완하는 관계라고 할 수 있습니다.

국가에 대해 더 알아볼까요? 알기 쉽게 국가의 3요소를 말한 사람이 있습니다. 게오르크 옐리네크(Georg Jellinek)가 국민·영토·국가권력(주권)을 갖추면 국가라고 주장한 이후로 이것이 거의 국가의 기본 정의가 돼버렸습니다. 1933년에는 아메리카 대륙의 20개국이 몬테비데오협정을 체결했는데, 이때 국가로 인정받으려면 ①계속 거주하는 주민 ②일정한 영토 ③주민과 영토를 통치하는 정부 ④다른 국가와 관계를 맺을 수 있는 능력을 가져야 한다고 선언했습니다. 옐리네크의 3요소설을 토대로 한 것이지요. 나중에 독일의 어느 헌법학자는 옐리네크의 3요소에 헌법을 추가하여 4요소설을 내세우기도 했고요.

현재 지구에는 국가가 아닌 장소에 사는 사람들도 많습니다. 분쟁 지역이 그렇습니다. 아예 스스로 무국적자로 떠돌아다니는 사람들도 있고요. 그런 사람들은 국적을 가진 사람에 비하여 자유롭다기보다는 안정되지 못한 생활로 인한 불안감을 심하게 느낄 것입니다. 분쟁이 없는 국가에서 국민으로 태어난 사람은 그런 불안감을 이해하지 못할 것입니다.

다른 한편 우리는 우리가 왜 이 국가의 국민인지 신기해하기도 합니다. 자기가 결정한 것도 아닌데 이 국가의 국민이 됐으니까요. 그리고 국민으로 태어남과 동시에 그 국가의 헌법을 당연한 것으로 받아들여야 하는 것도 그렇습니다.

국가는 저절로 생긴 것 같기도 하고, 인간이 만든 것 같기도 합니다. 중세 때 서양에서는 당연히 신이 만들어준 선물로 여겼습니다. 그러다가 인간 중심의 사고를 하면서 국가는 인간의 자유로운 의지로 만들었다는 믿음이 강화됐습니다. 혼자 산다면 무한한 자유를 누릴 것 같지만, 진정한 자유를 즐기기 위해서는 다른 사람의 자유를 인정하여 자신의 자유를 스스로 제한해야 한다는 생각을 했습니다. 그 모든 것이 사람과 사람 사이의 계약이라는 발상이 바로 사회계약설입니다. 서로 합의했다는 전제로 국가라는 개념을 탄생시켰다고 보는 것입니다. 국가는 주권자인 국민들이 모두 합의한 결과 탄생했으니 국민을 위해서 봉사해야 하는 것이지요. 물론 국민도 국가를 지키기 위해 노력해야 하고요.

누구도 태어나서 실제로 국가나 사회 건설을 위한 계약서를 보거나 서명하지 않았지만, 그렇게 한 것으로 가정함으로써 큰 문제를 해결하게 된 셈이지요. 신의 힘을 빌리지 않고도 서로 합의함으로써 국가 정당성의 토대를 마련했습니다. 이렇게 인간의 상상력에 의해 국가도 만들고 헌법도 만든 것입니다. 대단하고 멋진 결과지요.

헌법의 역사

그렇다면 헌법은 어느 국가에서, 어떻게 만들었을까요? 근대 헌법을 말한다면 주권혁명에 가장 먼저 성공한 국가에서 최초로 만들었겠지요.

영국

먼저 영국을 이야기하지 않을 수 없습니다. 영국은 의회제도를 가장 모범적으로 확립한 국가이기 때문입니다. 의회는 왕이 혼자서 모든 것을 결정하게 두지 않고 일반인들을 대표하는 다수의 의원이 모여 중요한 사항을 결정하는 기관입니다. 영국의 의회제도는 아주 오랜 세월에 걸쳐 서서히 이뤄졌습니다. 이야기의 시작은 1215년의 마그나카르타(Magna Carta)부터입니다. 잉글랜드의 왕 존은 실수를 거듭해 나라의 땅을 많이 잃었습니다. 그러자 경제적 불이익을 우려한 귀족들이 모여 존을 압박했습니다. 왕의 권한을 조금이라도 줄이고 성직자와 귀족의 권한을 확대하는 문서를 받아들이게 했는데, 그것이 마그나카르타입니다. 이 문서는 평민들의 권리를 보장한 것도 아니고, 라틴어로 작성되어서 아무나 읽을 수 없었지만, 왕이 마음대로 하지 않도록 약속한 최초의 사례라는 점에서 큰 의미를 가지게 되었습니다. 마그나카르타는 지금까지 영국 헌정사의 상징적 역할을 하고 있지요. 그뒤로 점점 제조업자와 상인 들이 지역별로 모여 자기들의 이익을 위한 요구를 하고, 나아가 평민들이 의견을 주장할 기회를 만들어가는 가운데 의회가 성립했습니다.

왕의 입장에서 의회는 항상 골칫덩어리였지요. 우선 왕실에서 돈을 마음대로 쓸 수 없게 하니까요. 왕과 의회는 계속 싸우며 견제했고, 그 과정에서 혁명으로 국왕 제도가 폐지되기도 했다가(청교도혁명) 왕정은 복고되었습니다.

그리고 1688년, 국왕 제임스 2세의 횡포를 보다 못한 의회는 단호하게 대응하며 새 왕으로 그의 딸 매리를 추대하기로 했습니다. 매리는 네덜란드 왕가의 빌럼 판 오라네와 결혼해 거기서 살고 있었는데, 조국 의회의 부름에 혼자가 아니라 남편과 함께 귀국하기를 고집했습니다. 적대세력을 등에 업은 딸과 사위가 온다는 소식을 듣고 제임스 2세는 프랑스로 도망쳤습니다. 매리 부부는 영국의 공동 국왕으로 즉위했는데, 의회는 빌럼이 외국인이라는 이유로 왕권을 제한하고 예산 등 중요한 사항은 모두 의회의 의결을 거치도록 하는 서약을 국왕들로부터 받아냈습니다. 왕은 점차 명예직으로 남고 실질적 통치 권한은 의회로 넘어가게 된 것이지요.

이렇게 매리 부부가 왕이 되는 과정에서 제임스 2세가 스스로 망명하는 바람에 아무런 싸움 없이 혁명이 이뤄졌습니다. 피 한 방울 흘리지 않고 혁명에 성공했다는 의미에서 이를 무혈혁명 또는 명예혁명이라 부르게 됐습니다. 영국의 국민은 그런 과정을 거쳐 서서히 주권을 찾은 것이지요.

이렇게 왕은 존재했지만 왕의 권한은 많이 제한되었고, 주요 결정권은 국민을 대표한 의회가 행사했습니다. 군주가 있어도 그 권한이 헌법에 의해 제한되고 국정은 대의제에 따라 이뤄지는 국가형태를 입헌군주국이라고 합니다. 바로 근대 헌법의 내용대로지요.

그런데 영국에는 헌법이 없습니다. 옛날에도 없었고 지금도 없습니다. 대신 수백년 동안 경험으로 축적한 헌법적 관행만 있는데, 그것을 영국 헌법이라고 합니다. 바로 불문헌법입니다. 글로 적혀 있지 않다고 해서 '불문(不文)'입니다. 그 반대는 성문(成文)헌법입니다.

　　그렇다면 최초의 성문헌법은 어디서 찾아야 할까요? 어떤 사람은 산마리노공화국 헌법이 최초라고 합니다. 1600년경에 6권의 법령이 있었는데, 거기에 제도와 기관에 관한 법률이 들어 있기 때문입니다. 하지만 전형적인 근대 헌법이라고 보기는 어렵습니다. 그외에도 폴란드와 비교적 작은 정치공동체들에 헌법이라고 부를 만한 법령이 나타난 적은 있지만, 역시 우리가 생각하는 근대 헌법은 아닙니다. 최초의 제대로 된 근대 성문헌법이라고 할 수 있는 헌법은 영국인들이 배를 타고 대서양을 건너 정착해 만든 미국에서 찾을 수밖에 없습니다.

미국

　　영국인이 왕의 허가를 얻어 북아메리카에 들어간 것은 16세기 후반부터였는데, 본격적인 이주는 1620년 메이플라워호가 102명을 태우고 메사추세츠 플리머스에 도착한 이후입니다. 이주민 수는 점점 늘어나 동부에 13개 주의 식민지가 형성됐습니다. 그들의 본국 영국은 입헌군주국으로 헌법 없이 헌법적 관행에 따라 국가가 유지되었지만, 13개 식민지 이주민들은 주마다 의회제를 기본으로 하는 작은 형태의 정부를 조직한 상태에서 오늘날의 헌법에 해당하는 기본법을 만들었습니다. 관행보다는 문서로 작성된 규칙을 시행하는 것이 더 분명하다고 생각했겠지요.

식민지는 번성했습니다. 열심히 일한데다 세금이 거의 없었기 때문에 더 풍요로웠습니다. 반면 영국은 재정난으로 어려움을 겪었습니다. 그러니 본국과 식민지 사이에 충돌이 생기기 시작했지요. 본국에서 식민지에 각종 세금을 부과해서 재정 부담을 좀 덜어보려 했기 때문입니다. 식민지 사람들의 불만이 쌓여갔습니다. 1773년 어느날, 보스턴항에 영국 차(tea)를 잔뜩 실은 배 몇척이 정박했습니다. 당시 식민지인들은 커피보다 홍차를 즐겼는데, 본국 정부는 차에 붙이는 관세를 폐지함으로써 영국 동인도회사가 식민지에 저렴한 차를 직접 공급할 수 있게 만들었고, 이는 기존에도 세금을 내지 않던 식민지 차 밀수업자들의 반발을 샀습니다. 새뮤얼 애덤스(Samuel Adams)와 존 핸콕(John Hancock)을 따르던 행동단체가 밤중에 배 3척에 침입해 차를 모조리 바닷물에 던져버렸습니다. 그 흔적은 지금도 남아 있는데, 현지에서 인기가 높은 보스턴 흑맥주 이름이 '새뮤얼 애덤스'입니다.

이 보스턴 차 사건 이후 영국과 미국 식민지 사이는 악화됐습니다. 군대끼리 소규모 전투도 벌어졌습니다. 영국에서 실패한 인생을 만회해보고자 미국으로 건너간 토머스 페인(Thomas Paine)은 『상식』이라는 팸플릿 책자를 써서 선풍적 인기를 얻었습니다. 미국과 같은 큰 나라가 왜 섬나라의 간섭을 받느냐며 독립하라고 부추긴 것입니다. 미국의 각 주는 자치적으로 운영되고 있었지만 어디까지나 식민지였기에 최고 행정 책임자인 총독의 취임에 영국 왕의 승인을 받아야 하는 등 완전한 주권을 행사하지 못하는 실정이었습니다.

미국의 독립 열기가 조금씩 고조되면서 1776년 독립선언문이 공포됐습니다. 토머스 제퍼슨(Thomas Jefferson)이 기초한 이 선언문에는 "모든 인간은 동등하게 태어났다" "창조주로부터 생명, 자유, 행복추구 등의 양도할 수 없는 권리를 부여받았다" 등의 구절이 들어갔습니다. 이 독립선언문은 훗날 다른 국가들의 독립과 헌법에 많은 영향을 미쳤고, 이어진 인권선언의 뿌리가 됐지요. 처음에는 두려움 때문에 선언문 서명자의 명단을 비밀에 부치기도 했습니다. 독립을 선언한다고 금방 독립이 되는 것도 아니었습니다. 주마다 헌법을 만들었고, 영국과 전쟁도 치러야 했습니다. 이 전쟁에는 프랑스의 귀족이자

장군 라파예트(G. Motier de La Fayette)가 달려와 미국군에 가담하기도 했습니다. 당시 영국은 다른 나라와의 싸움으로 정신이 없었던데다 미국은 독립해도 어차피 자기 국민들이니 크게 신경 쓰지 않다도 된다고 생각해 전력을 다하지 않았습니다. 결국 미국이 승리했고 독립국이 되었습니다. 식민지에서 벗어나 주권을 찾은 것입니다. 이것이 미국의 주권혁명입니다.

　그런데 13개 주가 13개의 헌법을 가진다면 큰 힘을 발휘할 수 없었습니다. 다른 나라와 접촉할 때도 하나의 국가가 아니니 제대로 외교 활동을 하기도 어려웠습니다. 일부 주의 정치가들이 13개 주가 통합된 연방국가를 만들어야 한다고 주장했지요. 그때부터 연방파와 반(反)연방파가 치열한 논쟁을 벌였습니다. 주 대표들이 필라델피아에 모여 회의를 시작했는데, 연방 헌법 제정을 위한 회의는 오랫동안 비공개로 진행됐습니다.

　1787년 헌법 초안이 완성됐습니다. 국가를 대표하는 대통령이라는 직위를 처음으로 만들었습니다. 또한 인구에 비례하여 하원의원 지역구 수를 결정했는데, 흑인 노예가 문제였습니다. 논란 끝에 흑인 노예 한명을 백인 5분의 3명으로 인정했지요. 지금 기준에서는 반인권적이고 수치스러운 이 헌법 조항은 이후 개정한 부칙에 따라 효력이 없어졌지만, 아직 헌법 본문에는 그대로 남아 있습니다.

연방 헌법은 13개 주 중 9개 주가 비준하는 날부터 효력이 생기는 것으로 정했습니다. 1787년 12월부터 각 주는 연방 헌법의 필요성을 홍보하며 비준 작업에 들어갔으나, 여전히 반대하는 사람들이 꽤 많았습니다. 1788년 6월에야 뉴햄프셔가 아홉번째로 비준했고, 로드아일랜드는 1790년 5월 말에 가서야 마지막으로 비준했습니다. 1776년에 독립을 선언한 이후 완전한 연방국가로서 헌법을 가진 미국이 탄생하는 데 무려 14년이 걸린 것입니다.

프랑스

영국의 명예혁명이나 미국의 독립혁명은 국민에게 주권이 돌아가는 계기가 되었다는 점에서 의미가 있지만, 진정한 혁명이라기에는 약간 부족한 듯 보이는 면도 있습니다. 그에 비하면 '진짜' 혁명은 프랑스에서 일어났습니다. 바로 시민혁명입니다. 평범한 사람들이 거리에 나서 수백년 동안 군림하던 왕조를 무너뜨리고 왕을 처형해버렸으니까요. 그래서 프랑스혁명을 부를 땐 '대혁명'이라고 하는 것이지요.

1643년 다섯살에 즉위한 루이 14세는 훗날 태양왕으로 자처하며 "짐이 곧 국가다"라는 말을 남겼습니다. 절대왕권을 자랑하며 군림했지요. 그러나 언젠가는 일몰의 시간이 오듯이 찬란하던 영광의 빛은 사라졌고, 한 세기가 바뀌어 루이 16세 통치기가 됐습니다. 영국으로부터 독립하려는 신세계 미국을 도우면서도, 정작 프랑스는 여전히 구체제에 갇혀 있었습니다. 철저한 계급사회로 지배층이 특권을 누렸습니다. 왕 아래로 성직자, 귀족, 그밖의 사람들로 나뉘었지요. 루이 14세 때만 하더라도 마음대로 세금을 거두었으나, 갈수록 재정이 악화되고 다른 계급의 불만은 커져갔습니다. 돈이 필요한 루이 16세는 궁리 끝에 삼부회에 의지해 세금을 거두려는 계획을 세웠습니다. 수백년 동안 열지 않았던 삼부회를 소집했는데, 삼부회는 성직자·귀족·제3신분으로 구성되었습니다. 제3신분은 제1신분인 성직자와 제2신분인 귀족 외의 모든 사람이나 마찬가지였습니다. 그런데 삼부회는 신분마다 한표씩 행사해 의사를 결정했습니다. 성직자 대표가 한명이고 제3신분 대표가 수천명이어도, 성직자와 제3신분 전체가 각 한표씩만 동일하게 행사할 수 있었지요. 그러니 성직자와 귀족 대표가 왕의 편에 서버리면 제3신분이 아무리 반대해도 항상 2 대 1로 질 수밖에 없었습니다. 제3신분은 대표 수에 걸맞은 더 많은 표결권을 주장했고, 많은 사람들이 그쪽에 가담하게 되었습니다. 미국 독립전쟁에 참여했던 라파예트와 헌법학자 시에예스(E. J. Sieyès) 등이 제3신분을 이끌며 국민의회를 조직했습니다. 임의로 조직한 국민의회였지만 점점 대중이 가세했습니다. 왕실과 지배계급이 이를 무시하려 하자 사람들이 시위에 나섰고, 무기를 구하려고 파리의 바스티유 감옥을 점령했습니다. 감옥 문이 열리고 귀족의 머리를 잘라 창 끝에 달고 행진하는 소요가 일어났지요. 바스티유 함락 소식이 전해지자 지방의 농민들이 일어났습니다. 1789년 7월에서 8월 사이에 일어난 일들입니다.

엄청난 혼란 속에서 국민의회가 중심이 되어 새 국가 건설을 준비했습니다. 1789년 8월 26일에 「인간과 시민의 권리 선언」을 채택했습니다. '프랑스 인권선언'으로 불리는 이 선언문은 프랑스를 이끌어갈 새 정부의 목적을 새긴 것이었습니다. 인간의 권리는 천부적이라는 점, 사유재산은 보장된다는 점, 그리고 국민주권주의와 권력분립의 이념을 새긴 헌장이었습니다. 일반적인 헌법의 기본권에 해당하는 내용이지요. 후대에 국가의 3요소를 주장한 독일의 옐리네크는 프랑스 인권선언을 미국 독립선언문의 복사판이라고 혹평했고, 프랑스의 에밀 부트미(Émile Boutmy)는 루소(Jean-Jacques Rousseau)에서 시작하는 프랑스 계몽사상에서 기원하는 것이라고 그에게 반박했습니다.

인권선언을 하고 난 뒤 헌법 제정에 착수했는데, 2년 뒤인 1791년 9월에 입법의회에서 헌법안을 의결했습니다. 당초 헌법에 무조건 동의한다는 의사를 표했던 루이 16세는 그사이 도망을 시도하다 룩셈부르크 국경 부근에서 체포됐고, 1793년, 당시에는 혁명광장으로 불렸던 파리의 콩코르드광장에 설치된 단두대에서 처형당했습니다. 이 사태는 유럽 전역에 큰 충격을 주었습니다. 찰스 디킨스(Charles Dickens)는 『두 도시 이야기』에서 정치적으로 안정됐으나 경제적 양극화를 겪는 런던과, 혁명의 열기와 공포심이 감도는 파리의 분위기를 대비하여 묘사했습니다.

시민들이 일어나서 낡은 체제를 무너뜨린 쾌거라는 의미에서 프랑스혁명은 시민혁명으로 불리지만, 혁명은 어느 한순간에 완성됐다고 하기 힘듭니다. 그 이후 1870년까지 무려 13개의 헌법이 등장합니다. 왕정이 다시 등장하고 나폴레옹 보나파르트(Napoléon Bonaparte)와 그의 조카 루이 보나파르트(Louis Bonaparte)가 1인자의 자리에 오르는 등 혼란을 거듭하다가, 1958년 제5공화국에 가서야 안정을 찾았습니다. 혁명이

완성되는 데 거의 170년이 걸린 셈이지요.

러시아

전근대적 상황에서 근대국가로 넘어온다는 것은 다수가 신분의 억압에서 해방되어 자유를 얻고, 온갖 계급적 차별에서 평등한 지위를 찾는다는 의미였습니다. 영국, 미국, 프랑스가 혁명으로 얻은 것은 보통사람들의 자유와 권리였습니다. 그리고 그 핵심은 자유로운 시장경제 속에서 경쟁을 통해 얻은 것을 자기가 가지는 사유재산제도의 인정이었습니다. 그런데 여기서 많은 사람들은 명목상의 자유와 함께 경제적 불평등을 체감하게 됐습니다. 특히 영국에서 심하게 나타났습니다. 영국은 일찌감치 산업혁명이라는 또하나의 혁명으로 물질적 풍요를 누리기 시작했는데, 그 이면의 노동자들은 비참한 생활에서 빠져나올 수 없었습니다. 어린아이들까지 포함해서 하루에 열다섯 시간씩 일하고, 적게 먹고, 한 방에서 열네댓명씩 자는 광경은 조지 오웰(George Orwell)의 『위건 부두로 가는 길』에 잘 묘사되어 있지요. 따라서 가진 자들의 것을 빼앗아 못 가진 자들과 나누어 평등한 세상을 만들어야 한다는 생각이 싹튼 것은 당연한 현상이었습니다. 유럽에서 시작된 사회주의사상은

맑스(Karl Marx)와 엥겔스(Friedrich Engels)에 의해 공산주의의 기초가 되었습니다. 맑스주의는 자유주의와 어깨를 겨루며 인류 역사상 획기적인 영향력을 행사하게 됐습니다. 그 이념이 혁명으로 터진 곳은 러시아였습니다.

러시아의 군주는 라틴어 카이사르(Caesar)에서 유래한 '차르'(Tsar)라고 불렸습니다. 20세기 초 차르는 니콜라이 2세였는데, 노동자들의 파업에 제대로 대응하지 못했을 뿐 아니라 헌법을 두려워했습니다. 1917년 2월, 지금의 상트페테르부르크인 페트로그라드에서 '빵을 달라'며 행진하는 노동자들에게 군대가 총을 쏘면서 러시아혁명은 본격적으로 시작됐습니다. 시위가 과격하게 돌변하고, 차르는 왕의 지위를 포기할 수밖에 없는 지경에 이르렀지요. 스위스에 머물던 레닌(Vladimir Lenin)은 비밀 열차를 타고 입국하여 혁명정부를 준비했습니다. 니콜라이 2세는 혁명 주도세력 볼셰비키에 의해 총살당했고, 그다음해에 러시아 소비에트 연방 사회주의 공화국 헌법이 탄생했습니다.

인류 최초의 사회주의 헌법인 이 헌법의 가장 큰 특징은 사유재산제도의 폐지였습니다. 토지는 모두 국유화했고, 노동자를 내세웠지만 실제로는 공산당이 중심이었습니다. "일하지

않는 자는 먹지 않는다"는 표어도 등장했지요. 자유주의 헌법
에 대응하는 사회주의 헌법은 이후 동독, 북한, 중국 등의 헌법
에 영향을 주게 됩니다.

일본과 중국

이제야 겨우 우리 주변을 살펴볼 차례가 왔습니다. 중국이
긴 역사에 걸쳐 정치제도·사상·과학·문화에서 주도적 역할을
하며 한반도를 비롯한 다른 지역에 영향을 끼쳤지만, 동아시아
의 근대화는 섬으로 격리되어 있던 일본이 서양의 문물을 먼저
받아들이면서 시작됐습니다. 서양 열강의 문호 개방 요구에 무
능하게 대처하던 무사 계급의 바쿠후 정권이 무너지고 천황 중
심의 정치 개혁을 이룬 메이지유신의 연장선에서 일본은 최초
의 헌법을 갖게 됐습니다. 이토 히로부미(伊藤博文)가 독일에
다녀온 뒤 주도해 만든 1889년 대일본제국헌법은 양원제를 도
입했지만 근본적으로 흠정헌법이었습니다. 흠정(欽定)은 군주
가 직접 제정했다는 의미로 민정(民定)에 대비되는 말입니다.
별칭이 메이지헌법이었던 이 아시아 최초의 헌법은 천황주권
을 기초로 삼았습니다.

일본의 국민주권은 이후 외부의 힘에 의해 주어졌습니다.

나치가 일으킨 제2차세계대전의 혼란 중에 일본은 미국을 공격했고, 두발의 원자폭탄을 맞고선 1945년 8월 15일 항복했습니다. 연합군 사령관 맥아더(Douglas MacArthur)가 일본에서 전후 처리를 지휘했는데, 천황을 살려주는 대신 민주적 헌법을 만들게 했습니다. 일본 헌법 초안은 일본인들이 아니라 맥아더의 지시를 받은 미군 법무관들이 작성했습니다. 천황은 신의 지위에서 인간으로 격하되어 상징적 존재로 남고 의회가 중심이 되는, 국민주권을 토대로 한 근대 헌법이었지요.

일본은 자체의 혁명이 아니라 패전의 결과로 주권의 변동이 일어난 셈인데, 명분을 찾기 위한 다른 주장도 있었습니다. 도쿄대학의 미야자와 도시요시(宮沢俊義)는 일본의 무조건 항복을 요구한 1945년 7월 26일의 포츠담선언을 8월 10일 일본정부가 받아들이면서 천황주권에서 국민주권으로 이양되었으니 이때 법적 의미의 혁명이 일어난 것이라며 '8월 혁명'을 주장했습니다.

일본 헌법에서 지금까지 논란의 대상이 되는 것은 제9조 '평화조항'입니다. 일본은 군대를 가질 수 없고, 전쟁을 영구히 포기하며, 다른 국가와 전쟁을 치를 권리조차 인정되지 않는다는 굴욕적 조항이지요. 그럼에도 일본은 자위대를 창설했으며,

한국전쟁 때는 미국의 요구에 따라 일본 해군 일부가 참전하기도 했습니다. 국제정치의 이중성이지요. 1946년 11월에 공포하고 다음해 5월부터 시행한 일본 헌법은 지금까지 글자 하나 고치지 않고 그대로 사용되고 있습니다.

중국 역시 밀려드는 서양의 세력과 맞서다 일본에게 만주와 동북 지방 등을 점령당했습니다. 청나라가 몰락한 뒤에도 대외적으로는 중일전쟁에, 대내적으로는 국민당과 공산당의 내전으로 정신 차릴 틈이 없었습니다. 2차대전에서 일본이 패퇴할 당시만 해도 국민당정부가 이끌던 장제스(蔣介石)의 중국은 미국, 영국, 소련과 함께 전후 처리의 4강 역할을 맡기도 했습니다. 그러나 내전에서 공산당에 패한 장제스는 1947년에 공포한 헌법을 끌어안고 타이완으로 도피해 독재자의 길을 걸었습니다. 본토에서 영웅이 된 공산당의 마오쩌둥(毛澤東)은 1949년 10월 1일 베이징 톈안먼에서 중화인민공화국 창건을 선포했습니다. 그러나 당시 공산당이 장악한 중국에는 헌법이 없었습니다. 공동강령을 헌법 대신 사용했고, 이후 1954년에 소련과 서양의 여러 나라 헌법을 참고하여 중국 사회주의 헌법을 갖게 되었습니다.

대한민국과 조선민주주의인민공화국

조선에서 대한제국으로 나라 이름을 바꾸었지만, 강대국들 사이에서 무력해진 500년 역사의 한반도 이씨 왕조는 일본에 강제합병 당하고 말았습니다. 미국은 자발적 정착 식민지로 출발했지만, 한반도는 기존의 주권과 국토를 강탈당한 식민지였지요. 미국의 독립전쟁은 승리로 결실을 거두었지만, 우리의 독립운동은 상징에 그쳤습니다. 결국 일본의 2차대전 패망이 우리의 광복이 되었습니다. 되찾은 땅에는 조선 왕권도 일본의 식민 통치권도 사라졌지만, 우리는 주권을 바로 행사할 수 없었습니다. 서울의 건국준비위원회도 힘을 쓰지 못했고, 상하이 임시정부의 법통성은 받아들여지지 않았으며, 일제 이전으로 돌아가 왕을 추대한 다음 민정으로 이양시켜야 한다는 복벽주의의 호소는 더욱 공허한 주장이었습니다. 38선 이남에선 일본과 마찬가지로 맥아더가 지휘하는 미군이 점령하여 정부 역할을 했습니다. 이북은 소련군이 차지했는데, 소련군이 망설이던 끝에 일본이 포츠담선언을 받아들여 사실상 항복하기 하루 전인 1945년 8월 9일 참전하여 이후 두만강까지 건너면서 일어난 운명적 결과였지요. 독일이 영국과 프랑스가 미국에 가담한 상황에서 동서로 분단됐듯이, 한반도는 미국과 소련에 의해 남북으로 양분됐습니다.

양대국은 미소공동위원회를 구성해 한반도 문제를 해결하려 시도했으나, 끝없는 혼란만 이어졌습니다. 분단이 고착화될 수밖에 없었지만, 남한은 단독 선거를 치르기로 결정했습니다. 미군정청이 만든 국회의원선거법은 국회의원 수를 300명으로 정했습니다. 그중 북한 지역의 의석이 100명이었는데, 통일 후로 기약할 수밖에 없었기에 실제로는 200명을 선출하는 선거였지요. 1948년 5월 10일 최초의 의회 구성을 위한 총선은 그 한달 전에 발발한 4·3사건으로 제주도 지역의 선거가 무효화하는 소동 끝에 가까스로 치러졌습니다. 제주도 2석을 제외한 198명의 제헌의원 중에는 동대문 갑구에서 유력한 경쟁자인 독립운동가 최능진의 입후보 서류를 탈취하는 소동을 벌인 끝에 단독출마해서 당선된 이승만도 있었습니다. 5월 31일에 열린 첫 국회에서 73세의 이승만이 최연장자 자격으로 국회의장을 맡았습니다. 국회의 임무는 헌법 제정이었습니다.

광복과 함께 온갖 혼란 속에서도 여러 사람들이 모여 헌법안을 만들고 제시했습니다. 결과적으로 국회에는 2개의 안이 올랐는데, 유진오의 초안을 원안으로 하고 권승렬의 초안을 참고안으로 하여 헌법 제정 작업이 시작됐습니다. 국회는 양원제

대신 단원제로 하는 것으로 합의했고, 국호는 조선을 포기하고 대한민국으로 하는 것으로 결정했습니다. 애당초 헌법 초안에는 '인민'이라는 용어가 사용됐습니다. '국민'은 국적을 가진 사람에 한정되기 때문에, 국가도 함부로 침범할 수 없는 자유와 권리의 주체이자 주권자를 의미하는 말로 인민이 더 적합하다는 이유에서였습니다. 그러나 일부 의원들이 공산주의자들이나 쓰는 말이라며 강력히 반대하여 국민으로 바꾸고 말았습니다. 아무튼 이런 부분들은 쉽게 합의에 이르렀습니다.

가장 큰 소란은 정부 형태와 관련해 일어났습니다. 기초위원 전원이 내각책임제를 선택하여 초안을 작성했습니다. 그런데 이승만이 나서서 공개적으로 반대했습니다. 나중에는 대통령제로 하지 않으면 자기는 모든 것에서 손을 떼겠다고 으름장을 놓았습니다. 대표단이 그의 집을 찾았지만 이승만의 고집을 꺾을 수 없었고, 결국 한 사람 때문에 하루아침에 대한민국 최초의 정부 형태가 바뀌고 말았습니다.

우여곡절 끝에 헌법은 7월 17일 국회의장 이승만의 이름으로 공포되고, 그날부터 발효했습니다. 사흘 뒤 20일에는 헌법에 따라 대통령을 선출했는데, 국회의원 198명 중 180명의 찬성으로 이승만으로 결정됐지요. 이어서 부통령 선출이 있었는데, 이승만이 추천한 후보는 놀랍게도 북한에 연금 상태에 놓인 조만식이었지만, 최저 득표로 낙선하고 말았습니다. 해프닝은 그치지 않았습니다. 이승만은 국무총리에 북한에서 내려온 무명의 이윤영을 지명했다가 압도적 표 차이로 부결당하고 말았지요. 아무도 예상하지 못한 비상식적인 총리 지명에 대해 대통령은 이렇게 이유를 댔습니다. "부통령이나 국무총리는 힘없는 사람이 해야 한다." 힘은 대통령인 자기 한 사람에게 집중돼야 한다는 의미였습니다.

8월 초 국회는 이승만의 대통령 취임으로 공석이 된 국회의장에 신익희를 선출하고, 대법원장으로 김병로를 승인했습니다. 그리고 예정대로 8월 15일 대한민국 정부 수립을 선포했습니다.

북한은 1948년 4월에 북조선인민회의에서 헌법안을 마련해두었습니다. 그러다 남한에서 5·10선거를 단행하고 정부를 수립하자 뒤늦게 서둘렀습니다. 북한은 남한처럼 절반의 선거가 아닌 전국적 선거를 하겠다고 공언하고, 남쪽의 선거인단 투표를 연판장처럼 비밀리에 지장을 받는 식으로 한 다음 종이 뭉치를 몰래 북쪽으로 옮겨 개표했습니다. 대의원도 북쪽 212명에 남쪽 360명이었는데, 단일 후보에 흑백 투표함을 이용한 찬반 투표로 진행했지요. 최고인민회의에서 9월 8일 의결하여 조선민주주의인민공화국 헌법이 탄생했습니다. 헌법에 따라 김일성이 수상에 취임했습니다.

남한의 헌법은 전문과 함께 10장 103조로 구성되었고, 북한의 헌법은 전문 없이 10장 104조로 구성되었습니다. 북한 헌법 제103조는 수도에 관한 규정인데, "조선민주주의인민공화국의 수부는 서울시다"라고 했습니다. 남한 헌법 제4조는 "대한민국의 영토는 한반도와 그 부속도서로 한다"며 북한까지 모두 포함시켰습니다. 북한은 1972년 헌법개정 때 수도를 평양으로 고쳤는데, 남한의 영토 조항은 지금까지 그대로입니다.

지금 우리 헌법

　지금 우리가 사용하고 있는 헌법은 제정 당시의 헌법이 아닙니다. 그뒤에 개정한 것입니다. 현행 헌법은 1987년에 개정한 것인데, 1948년부터 어떻게 바뀌어왔는지 잠깐 살펴보겠습니다. 우리는 1948년 이후 1952년, 1954년, 1960년 6월, 1960년 11월, 1962년, 1969년, 1972년, 1980년, 1987년까지 모두 9회에 걸쳐 개헌했습니다.

　정부 수립과 함께 초대 대통령은 국회에서 선출했지만 1952년 헌법에서는 국민의 직선제로 바꾸고 국회도 양원제로 변경했습니다. 그러나 비상계엄이 선포된 가운데 절차도 제대로 거치지 않은 위헌·위법의 개헌이었습니다. 이후 이승만은 장기 집권을 노렸습니다. 이승만(헌법 공포 당시의 대통령)에 한하여 중임 제한을 없애고 영원히 대통령을 할 수 있게 하는 개정안을 제출했으나 국회에서 한표 차이로 부결됐습니다. 당시 재적의원 203명 중 3분의 2 이상이 되려면 최소 136표를 얻어야 하는데 찬성이 135표였습니다. 그런데 여당에서 203명의 3분의 2는 정확히 135.33…인데 이를 반올림하면 135가 되니 135표도 가결이라고 우겨 전날 국회에서 부결된 것을 다음날 번복하는 경악할 일이 벌어졌습니다. '사사오입 개헌'이라는 별칭이 붙은 1954년의 개헌은 역시 그 자체로 위헌이었습니다. 그렇게 계속 권력을 차지한 이승만이 85세가 되던 1960년, 3월 15일 대통령 선거에서 이승만이 또 당선돼 무려 네번째 임기를 시작했습니다. 그러나 곧 부정선거 의혹이 제기되었고, 4월 19일 전국의 학생을 중심으로 시위가 일어나 이승만 스스로 대통령 직에서 물러나고야 말았지요. 바로 지금도 헌법 전문에 기록되어 있는 4·19혁명입니다. 혁명으로 이승만 독재를 무너뜨린 두달 뒤 의원내각제로 정부 형태를 바꾸는 개헌을 했습니다. 그해는 계속 정치적 혼란으로 시끄러웠는데, 11월에는 3·15 부정선거 관련자들을 소급해 처벌할 근거를 담은 개헌을 또 한차례 했습니다.

그다음해에는 박정희가 군사 쿠데타를 일으켜 국정은 비상사태를 맞았고, 1962년에 헌법이 아닌 군사정부의 비상조치법에 따라 대통령제로 돌아가는 개헌을 했습니다. 개정 헌법에 따라 대통령에 당선된 박정희의 군사독재가 그때부터 시작됐습니다. 두차례 대통령 자리에 오른 박정희는 계속 집권하기 위해서 여당 의석이 3분의 2 이상이 된 기회를 이용해 대통령의 3선을 허용하는 개헌안을 냈습니다. 국회의사당이 아닌 곳에서 야당 몰래 여당 의원들만 참석해 개헌안을 통과시켰습니다. 세번째 당선된 박정희는 그것도 모자라 1972년에는 헌법에도 없는 국가비상사태를 선포하여 모든 국정을 정지시킨 다음 한달 뒤에야 급히 긴급조치법을 만들었습니다. 이어서 그 악명 높은 유신을 단행해 통일주체국민회의라는 기구를 설치하고, 거기서 대통령과 국회의원 3분의 1을 선출하도록 하는 유신헌법을 만들었습니다. 이때 4년이던 대통령 임기가 6년으로 늘어났습니다. 쿠데타로 시작한 박정희의 독재는 18년 동안 계속되다가 1979년 10월 26일 박정희가 김재규에게 피살되며 막을 내렸습니다.

그 혼란의 틈을 이용해 전두환이 다시 군사 쿠데타를 일으켰고, 비상사태 아래서 1980년 대통령 자리를 차지하고 개헌을 했습니다. 대통령 임기는 7년으로 더 길어졌습니다. 전두환 정권은 처음부터 정당성을 제대로 인정받지 못했고, 출범 전에 일어난 5·18민주화운동의 책임 문제에서 벗어날 수도 없었습니다. 1987년 전두환의 후계자 격으로 노태우가 여당의 대통령 후보로 결정되자 시민들은 민주화를 요구하며 거리로 나서 6월 항쟁을 일으켰으며, 마침내 노태우의 6·29선언을 받아냈습니다. 그로 인해 대통령을 국민 직선으로 선출하되 임기 5년의 단임으로 하는 개헌이 이뤄졌습니다. 그것이 지금의 헌법입니다.

우리 헌법의 역사는 그리 길지 않음에도 정말 파란만장합니다. 1987년까지 우리 헌법의 평균 수명은 겨우 4.3년이었습니다. 그러나 그후 지금까지 38년 동안 개헌 없이 그대로 유지하고 있습니다. 마지막 개헌을 제외하고는 거의 다 위헌이나 위법적인 것이어서 체면이 서지 않을 정도입니다. 앞으로 우리 헌정은 어떻게 될까요?

헌법의 내용

 이제 헌법 내용을 살펴볼 차례입니다. 이미 다른 이야기를 많이 했으니 헌법 내용은 간단히 훑어보기로 하지요. 1987년 헌법은 조문이 모두 130개인데, 전문을 빼면 10개 장으로 나뉘어 있습니다. 제1장 총강, 제2장 국민의 권리와 의무, 제3장 국회, 제4장 정부, 제5장 법원, 제6장 헌법재판소, 제7장 선거관리, 제8장 지방자치, 제9장 경제, 제10장 헌법개정, 그리고 여섯 개의 부칙이 있습니다. 헌법의 목적이라고 할 수 있는 기본권은 제2장에, '삼권'으로 불리는 통치기구는 제3장부터 6장까지에 있습니다. 선거관리위원회에 관한 제7장과 지방자치단체의 근거가 되는 제8장도 통치기구와 마찬가지입니다. 제9장에서 경제 조항을 따로 묶은 것은 무엇보다 경제가 중요하므로 경제 영역에서 국가의 목표를 분명히 하겠다는 의지의 표시라고 이해하면 됩니다. 그리고 마지막은 헌법개정에 관한 규정입니다.

제1장 앞에는 전문이 있고요.

총강

그래도 제1조는 한번 읽어보고 넘어가야겠지요. 제1조는 제1장 총강에 들어 있습니다. 총강(銃腔)은 한자어로 '모든 내용을 총괄한 전체적 대강'이라는 뜻입니다. 우리 헌법이 대략 이런 것이라고 알려주는 역할을 한다고 생각하면 되겠습니다.

제1조 1항은 누구나 아는 "대한민국은 민주공화국이다"입니다. 민주공화국은 민주국과 공화국을 합친 말입니다. 민주주의는 다수의 지배인데, 단순한 다수결에 의한 결정 방식을 뜻하지는 않습니다. 모든 문제를 채점하듯이 다수결로 결정하면 너무 간단할 것 같지만, 그렇게는 국가의 문제가 해결되지 않습니다. 다수가 바뀌지 않으면 다수의 독재가 되고 한번 소수는 영원히 소수의 지위에서 벗어나지 못할 수도 있지요. 그래서 언제나 소수의 의사를 존중하는 다수의 지배가 민주주의를 유지시키고 성숙하게 만듭니다. 소통과 협의가 전제돼야 한다는 의미이기도 합니다. 그리고 민주국가란 근본적으로는 주권이 국민에게 있는 나라라는 말입니다. 국민 전체의 의사에 따르는 것이니 다수의 지배가 될 수밖에 없지요.

대한민국헌법 제1장 총강(부분 발췌)

제1조 ①대한민국은 민주공화국이다.

②대한민국의 주권은 국민에게 있고, 모든 권력은 국민으로 부터 나온다.

제2조 ②국가는 법률이 정하는 바에 의하여 재외국민을 보호할 의무를 진다.

제4조 대한민국은 통일을 지향하며, 자유민주적 기본질서에 입각한 평화적 통일정책을 수립하고 이를 추진한다.

제5조 ①대한민국은 국제평화의 유지에 노력하고 침략적 전쟁을 부인한다.

②국군은 국가의 안전보장과 국토방위의 신성한 의무를 수행함을 사명으로 하며, 그 정치적 중립성은 준수된다.

제7조 ①공무원은 국민전체에 대한 봉사자이며, 국민에 대하여 책임을 진다.

②공무원의 신분과 정치적 중립성은 법률이 정하는 바에 의하여 보장된다.

제8조 ①정당의 설립은 자유이며, 복수정당제는 보장된다.

②정당은 그 목적·조직과 활동이 민주적이어야 하며, 국민의 정치적 의사형성에 참여하는데 필요한 조직을 가져야 한다.

공화국 역시 소수가 아닌 다수에 의해 통치되는 나라, 즉 주권이 국민에게 있는 나라라는 뜻입니다. 주권이 군주에게 있는 나라는 군주국, 참주국이라 부르지요. 군주국 중에서도 군주 혼자 전권을 휘두르는 나라는 전제군주국, 영국같이 군주가 존재하되 헌법에 따라 국정을 운영하는 나라는 입헌군주국이라고 합니다. 소수의 몇 사람이 공동으로 통치하는 나라는 과두국가, 귀족국가, 계급국가라고도 합니다. 결국 민주국이나 공화국이나 거의 같은 의미라는 것을 알 수 있습니다.

그다음 국민주권주의를 명시한 제2항도 제1항과 같은 말의 반복이나 마찬가지입니다. "대한민국의 주권은 국민에게 있고, 모든 권력은 국민으로부터 나온다."

기본권

기본권은 주권자인 국민의 권리이므로 헌법의 목적이자 가치의 핵심입니다. 헌법의 다른 조항, 특히 국가권력기구에 관한 규정은 기본권 보장을 위해 존재하는 것입니다. 그러므로 기본권 조항은 역설적으로 굳이 헌법에 나열할 필요가 없습니다. 헌법에 명시하지 않더라도 당연히 인정되는 것이니까요. 그래도 인간의 권리장전으로서 헌법의 상징이기도 하므로, 보통은 헌법의 중요한 부분으로 규정하고 있습니다.

기본권과 관련하여 흥미로운 이야기가 하나 전해 내려옵니다. 언젠가 성직자 한 사람이 기본권 조항을 모두 읽고 이렇게 말했답니다. "이보다 더 훌륭한 복음서는 없다." 누구나 존엄과 가치를 지닌 인간으로 행복을 추구할 수 있고, 법 앞에 평등하여 어떤 영역에서도 차별을 받지 않고, 신체의 자유를 비롯한 모든 자유를 누리며, 활동을 통한 창의성을 인정받고 그로 인한 권리와 재산권을 보장받으며, 필요한 교육을 받고 일할 권리를 가지며, 건강하고 쾌적한 환경에서 인간다운 생활을 할 권리가 있다고 하니까요. 실제로 다음의 기본권 조항들을 한번 읽어보면 그렇게 느낄 수 있을 것입니다.

기본권은 서양의 인권 사상에서 유래하고 체계화된 것입니다. 미국이나 프랑스의 인권선언문을 보면 이런 인간의 권리는 태어나면서 저절로 가지는 것이라고 말합니다. 그래서 천부인권설이라고 하는 것이지요. 인권은 하늘로부터 부여받은 것이라는 주장입니다. 그에 반하여 인권이든 기본권이든 결국 국가에서 법으로 보장하니까 권리로 누릴 수 있다는 견해도 있습니다. 인권이 자연의 발명품이냐 인간이 제도로 만든 것이냐의 논쟁이라고도 하겠습니다. 어느 주장을 따르든 현실에서는 큰

대한민국헌법 제2장 국민의 권리와 의무 (부분 발췌)

제10조 모든 국민은 인간으로서의 존엄과 가치를 가지며, 행복을 추구할 권리를 가진다. 국가는 개인이 가지는 불가침의 기본적 인권을 확인하고 이를 보장할 의무를 진다.

제11조 ①모든 국민은 법 앞에 평등하다. 누구든지 성별·종교 또는 사회적 신분에 의하여 정치적·경제적·사회적·문화적 생활의 모든 영역에 있어서 차별을 받지 아니한다.

제12조 ①모든 국민은 신체의 자유를 가진다. 누구든지 법률에 의하지 아니하고는 체포·구속·압수·수색 또는 심문을 받지 아니하며, 법률과 적법한 절차에 의하지 아니하고는 처벌·보안처분 또는 강제노역을 받지 아니한다.

제14조 모든 국민은 거주·이전의 자유를 가진다.

제15조 모든 국민은 직업선택의 자유를 가진다.

제16조 모든 국민은 주거의 자유를 침해받지 아니한다. 주거에 대한 압수나 수색을 할 때에는 검사의 신청에 의하여 법관이 발부한 영장을 제시하여야 한다.

제17조 모든 국민은 사생활의 비밀과 자유를 침해받지 아니한다.

제18조 모든 국민은 통신의 비밀을 침해받지 아니한다.

제19조 모든 국민은 양심의 자유를 가진다.

제20조 ①모든 국민은 종교의 자유를 가진다.

제21조 ①모든 국민은 언론·출판의 자유와 집회·결사의 자유를 가진다.

제22조 ①모든 국민은 학문과 예술의 자유를 가진다.

제23조 ①모든 국민의 재산권은 보장된다. 그 내용과 한계는 법률로 정한다.

제24조 모든 국민은 법률이 정하는 바에 의하여 선거권을 가진다.

제25조 모든 국민은 법률이 정하는 바에 의하여 공무담임권을 가진다.

제27조 ①모든 국민은 헌법과 법률이 정한 법관에 의하여 법률에 의한 재판을 받을 권리를 가진다.

제30조 타인의 범죄행위로 인하여 생명·신체에 대한 피해를 받은 국민은 법률이 정하는 바에 의하여 국가로부터 구조를 받을 수 있다.

제31조 ①모든 국민은 능력에 따라 균등하게 교육을 받을 권리를 가진다.

제32조 ①모든 국민은 근로의 권리를 가진다. 국가는 사회적·경제적 방법으로 근로자의 고용의 증진과 적정임금의 보장에 노력하여야 하며, 법률이 정하는 바에 의하여 최저임금제를 시행하여야 한다.

제34조 ①모든 국민은 인간다운 생활을 할 권리를 가진다.
②국가는 사회보장·사회복지의 증진에 노력할 의무를 진다.
③국가는 여자의 복지와 권익의 향상을 위하여 노력하여야 한다.
④국가는 노인과 청소년의 복지향상을 위한 정책을 실시할 의무를 진다.
⑤신체장애자 및 질병·노령 기타의 사유로 생활능력이 없는 국민은 법률이 정하는 바에 의하여 국가의 보호를 받는다.
⑥국가는 재해를 예방하고 그 위험으로부터 국민을 보호하기 위하여 노력하여야 한다.

제35조 ①모든 국민은 건강하고 쾌적한 환경에서 생활할 권리를 가지며, 국가와 국민은 환경보전을 위하여 노력하여야 한다.

제37조 ①국민의 자유와 권리는 헌법에 열거되지 아니한 이유로 경시되지 아니한다.

차이가 없을 것입니다. 헌법에 기본권을 규정하지 않아도 당연히 보장된다는 생각은 천부인권을 전제합니다. 인권을 침해당한 경우 사회적 투쟁을 하거나 소송을 불사하는 행위를 하는 것은 그것이 현실의 권리라고 생각하기 때문이기도 하지요. 인권과 기본권은 같기도 하고 다르기도 하지만, 편의상 동일한 의미로 여겨도 특별한 문제는 없습니다.

국가권력기구

삼권분립이라고 할 때 삼권은 국가를 운영하는 권력기구입니다. 과거에는 통치기구라는 말도 많이 사용했는데, 국민을 지배한다는 어감 때문에 지금은 거의 사라졌습니다. 사실 권력이라는 말도 마찬가지여서, 그냥 국가기관이라고들 많이 표현합니다. 그리고 국가기관의 권력은 그 기관을 위한 것이 아니라 국민의 기본권 보장을 목적으로 하는 수단이기 때문에 '권한'이라고 부릅니다.

삼권은 입법권·행정권·사법권입니다. 입법부는 국회, 행정부는 대통령과 정부, 사법부는 법원입니다. 국가 작용이 이뤄지는 부처를 말하지요. 선거관리를 하는 선거관리위원회는 행정부에 속하기는 하지만 업무의 특수성과 독립성 때문에 따로 규정했습니다. 지방자치도 마찬가지입니다. 헌법재판소는 당연히 사법부에 속합니다만, 일반 재판과는 다른 헌법재판만 하는 곳이어서 별개의 장으로 분리했습니다.

국가권력기구의 성격은 행정부가 대통령제냐 내각제냐에 따라 뚜렷하게 달라집니다. 대통령제는 행정부와 입법부를 엄격히 분리하여 대통령이 행정부의 중심이 되는 제도입니다. 대통령을 발명한 나라 미국에서 시작된 정부 형태입니다. 우리나라는 한때 잠깐 내각제로 운영한 적이 있지만, 줄곧 대통령제를 유지하고 있습니다. 대통령제는 대통령 한 사람에게 권한이 집중되면 독재로 흐르기 쉽다는 단점을 지적받기도 합니다. 내각제는 의회가 정부를 구성하는 제도입니다. 그래서 의회주의제라고 부르기도 합니다. 내각제에서는 수상이나 총리가 행정부를 대표합니다. 국가를 대표하는 상징으로 대통령을 두는 경우도 있습니다. 독일은 내각제로 수상이 행정 권한을 행사하지만 대통령도 있습니다. 지금도 독일 대통령이 있는데, 거의 알려지지 않았지요. 수상에 비해 권한이 많지 않기 때문입니다. 영국이나 일본도 전형적인 내각제를 채택하고 있는데, 대통령 대신 왕과 천황이 있습니다. 그래서 입헌군주국인 것이지요.

내각제와 대통령제의 장단점을 정리한 혼합제 형태도 있

대한민국헌법: 국가권력기구에 관하여(부분 발췌)

제40조 입법권은 국회에 속한다.

제46조 ①국회의원은 청렴의 의무가 있다.

②국회의원은 국가이익을 우선하여 양심에 따라 직무를 행한다.

③국회의원은 그 지위를 남용하여 국가·공공단체 또는 기업체와의 계약이나 그 처분에 의하여 재산상의 권리·이익 또는 직위를 취득하거나 타인을 위하여 그 취득을 알선할 수 없다.

제66조 ①대통령은 국가의 원수이며, 외국에 대하여 국가를 대표한다.

②대통령은 국가의 독립·영토의 보전·국가의 계속성과 헌법을 수호할 책무를 진다.

③대통령은 조국의 평화적 통일을 위한 성실한 의무를 진다.

④행정권은 대통령을 수반으로 하는 정부에 속한다.

제69조 대통령은 취임에 즈음하여 다음의 선서를 한다.

"나는 헌법을 준수하고 국가를 보위하며 조국의 평화적 통일과 국민의 자유와 복리의 증진 및 민족문화의 창달에 노력하여 대통령으로서의 직책을 성실히 수행할 것을 국민 앞에 엄숙히 선서합니다."

제101조 ①사법권은 법관으로 구성된 법원에 속한다.

제103조 법관은 헌법과 법률에 의하여 그 양심에 따라 독립하여 심판한다.

제111조 ①헌법재판소는 다음 사항을 관장한다.
>   1. 법원의 제청에 의한 법률의 위헌여부 심판
>   2. 탄핵의 심판
>   3. 정당의 해산 심판
>   4. 국가기관 상호간, 국가기관과 지방자치단체간 및 지방자치단체 상호간의 권한쟁의에 관한 심판
>   5. 법률이 정하는 헌법소원에 관한 심판

제114조 ①선거와 국민투표의 공정한 관리 및 정당에 관한 사무를 처리하기 위하여 선거관리위원회를 둔다.

습니다. 어떤 정부 형태를 가질지는 그 나라의 전통과 정치문화가 결정하는 것입니다. 어느 제도가 더 낫다고 할 수는 없습니다.

경제

경제가 중요한 문제이기도 하지만, 헌법에서 별도의 장을 마련한 것은 경제체제의 기본을 밝히려는 의도 때문입니다. 우리 헌법은 정치체제를 민주공화국이라고 선언했듯이 경제 이념은 자본주의 경제체제를 원칙으로 하고 있습니다. 자유로운 경제 질서를 기본으로 하는 제119조 1항과 사유재산제도를 보장하는 제23조 1항을 보면 명확한 것입니다.

그러나 우리 헌법이 완전하고 순수한 자유 시장경제 체제를 말하는 것은 아닙니다. 무슨 뜻이냐면, 자본주의와 자유 시장경제 질서를 원칙으로 하지만, 필요한 경우 사회주의적 요소도 가미했다는 말입니다. 헌법 자체에 그런 규정이 많습니다. 재산권은 보장하되 공공복리나 공익의 필요에 따라 제한할 수 있다든지(제23조 2·3항), 경제의 민주화를 위한 규제를 할 수 있다(제119조 2항)는 내용이 그 예입니다. 따라서 우리 헌법이 선언하는 경제 질서는 사회적 시장경제 체제라고 해야 옳습니다.

사회주의적 요소 또는 사회적 시장경제라는 말만으로도 자유민주적 질서에 위배된다며 민감한 반응을 보이는 사람들이 있는데, 그것은 오해입니다.

대표적인 자유주의 국가의 하나로 알려진 프랑스의 헌법 제1조의 첫 문장은 이렇습니다. "프랑스는 (…) 민주적·사회적 공화국이다." 민주적인 공화국일 뿐만 아니라 사회적인 공화국이란 것은 정치적 의사결정은 민주주의로 하되, 경제체제는 사회주의적 요소를 필요한 만큼 가미하여 자본주의의 결함을 보완하겠다는 의지의 표현입니다. 우리 헌법도 근본적으로 같은 입장에 서 있다는 사실을 명심할 필요가 있습니다.

헌법개정

헌법개정에 관한 장을 별도로 마련한 것은 헌법개정을 일반 법률의 개정과는 달리 어렵게 규정하기 때문입니다. 하지만 조문은 단 3개에 불과합니다. 헌법개정 절차에 관한 것이므로 읽어보면 누구나 이해할 수 있습니다.

오히려 중요한 것은 어떤 경우에 개헌을 해야 하느냐, 개헌은 자주 하는 게 좋은가 아니면 가능하면 하지 않는 것이 좋은가 등의 문제일 것입니다. 뒤에서 말씀드리도록 하겠습니다.

재미있게도 우리 헌법에는 맞춤법이 틀린 곳이 있는데, 하필 개헌 조항에 들어 있습니다. 마치 이렇게 명백하게 잘못된 경우에도 함부로 고치지 못하는 것이 헌법이라고 말하려는 듯이 말입니다. 제130조 2항을 보면, "국회가 의결한 후 30일 이내에 국민투표에 붙여"라고 합니다. '부쳐'라고 해야 할 것을 '붙여'라고 한 것이지요. 그럼에도 이미 공식적으로 발표한 중요한 문서이기에 함부로 고치지 못하고 있는 것입니다. 이것조차 맞게 수정하려면 개헌 절차를 거쳐야 하는 것이 헌법입니다. 그밖에도 또 있습니다. 앞에서 본 경제 조항에는 "균형 있는"이란 표현을 무려 네군데나 사용하고 있습니다(제119조 2항, 제120조 2항, 제122조, 제123조 2항). 그러나 우리 표준어에 '균형있다'라는 형용사는 없습니다. '균형 잡힌'이라고 하면 맞습니다. 굳이 그렇게 쓰려면 '균형(이 잡혀) 있는'의 준말 형태로 '균형 있는'이라고 띄어쓰기 해야 합니다. 헌법의 체면이 좀 말이 아닙니다.

헌법의 수범자와 수호자

"애국심은 대통령을 따르는 것이 아니라 헌법을 따르는 것이다." 반전운동에도 나섰던 미국의 가수 밥 딜런(Bob Dylan)이 1960년대 후반에 한 말입니다. 당시 미국은 통킹만에서 조작된 사건을 구실로 북베트남과 전쟁을 벌였고, 젊은이들을 전장으로 보냈습니다. 대통령 린든 존슨(Lyndon Johnson)은 한국을 찾아와 우리 국군까지 베트남으로 파병하게 만들었습니다. 밥 딜런의 말은 그런 정의롭지 못한 전쟁에 나설 것을 독려하는 대통령의 말에 따르지 말라는 구호입니다.

헌법을 따르라는 말은 무슨 의미일까요? 헌법을 잘 지키라는 말일 테지요. 우리는 어떻게 헌법을 지키나요? 어떤 조항을 어떻게? 헌법을 어기지 않으면 반사적으로 지키는 것이 될까요? 길을 건너는데 횡단보도가 멀리 있어 그냥 무단횡단 했다고 합시다. 그 행위는 도로교통법 위반에 해당하는 것이 분명

합니다. 그런데 헌법 위반도 되는 것일까요? 도로교통법은 헌법질서 범위 내에 포함되는 것이니 도로교통법 위반은 저절로 헌법 위반도 된다고 해야 할까요?

아닙니다. 무단횡단은 도로교통법 위반이기는 하지만, 헌법 위반은 아닙니다. 헌법은 국민 개개인이 준수하라고 만든 규범이 아니기 때문입니다. 헌법은 국가권력기구가 지키도록 만든 규범입니다. 헌법의 존재 목적은 주권자인 국민의 자유와 권리의 보장이고, 그것을 위해서는 국가를 잘 유지해야 하며, 그런 이유로 주권자들이 국가기관에 권한을 준 것이고, 그 내용을 정해놓은 것이 헌법입니다. 따라서 국회나 정부, 법원 같은 기관이 헌법을 준수해야 할 수범자들이지만, 실제로는 구체적 업무를 담당하고 있는 공무원들이 해당되겠지요. 대통령, 국회의원, 판사나 검사는 개인이 국가기관이기도 합니다. 그들이 헌법을 지켜야 할 수범자들입니다.

그렇다면 국민 개개인은 무엇일까요? 국민은 헌법의 수호자입니다. 국가기관이 헌법을 잘 지키나 감시하면서 헌법질서가 유지될 수 있도록 하는 것이 주권자의 의무입니다. 그러고 보니 우리말에서 '지키다'는 준수한다는 의미와 보호한다는 의미를 모두 가지고 있습니다. 국가기관은 앞쪽의 의미에서,

국민은 뒤쪽의 의미에서 헌법을 지켜야 합니다.

　프랑스 소설가 앙드레 지드(André Gide)가 10대 후반일 때였습니다. 프랑스는 대혁명 이후 그때까지 공화정과 왕정을 거듭하며 혼란스러웠습니다. 따라서 시민들도 왕정을 지지하는 왕당파와 공화정을 지지하는 공화파로 나뉘어 많이 다투곤 했습니다. 어느날 지드가 사촌들과 숲속에 놀러 갔는데, 누가 물었습니다. "넌 왕당파야, 공화파야?" 지드는 프랑스가 공화국이니까 당연하다고 생각하며 "공화파지"라고 대답했습니다. 그러자 왕당파였던 사촌들로부터 엄청난 비난을 받았습니다. 그 이야기를 듣고 지드의 어머니 쥘리에트가 말했습니다. "앞으로 그런 질문을 받을 땐 헌법수호파라고 대답하렴." 헌법수호파는 뭐냐고 지드가 묻자 쥘리에트는 이렇게 대답했습니다. "나도 몰라. 다른 사람들도 잘 모를 테니 더이상 묻지 않을 거야."

　우리가 헌법의 수호자가 되려면 우선 헌법을 알아야겠지요. 그러니 헌법 공부가 필요하다고 말할 수 있겠군요.

헌법재판과 탄핵

대통령이 헌법을 어기면 어떻게 되겠습니까? 헌법이나 법을 어긴 행위가 가벼우면 정치적 비난만 받겠지만, 중대할 때에는 탄핵의 대상이 됩니다. 탄핵은 보통의 재판과는 다른 헌법재판입니다. 헌법을 어긴 행위를 재판할 필요가 있으니 헌법재판소를 설치한 것입니다. 헌법재판소를 따로 두지 않는 나라에서는 일반 법원에서 헌법재판을 합니다.

우리는 2004년, 2017년, 2025년에 대통령 탄핵 사건을 경험했습니다. 20여 년 동안 세 번이면 국가적으로 불행한 일이 너무 자주 일어난 셈이지요. 그런데 우리 역사에는 그 외에도 대통령 탄핵 사건이 한번 더 있었습니다. 1923년 4월, 중국 상하이 대한민국임시정부의 국회에 해당하는 임시의정원에는 임시대통령 이승만에 대한 탄핵안이 제출됐습니다. 탄핵 사유는 대통령이라는 사람이 정부 소재지인 상하이에는 전혀 나타나지 않은

채 미국에만 머무르고, 독단적으로 국제연맹에 미국이 한국을 신탁통치하게 해달라는 청원을 했다는 등이었습니다. 2년 뒤인 1925년 3월 23일, 임시의정원은 임시헌법 제21조 14호에 따라 재적의원 5분의 4 이상이 출석한 가운데 출석 의원 4분의 3 이상이 찬성하여 탄핵안을 가결했습니다.

지금 우리 헌법 제65조 1항은 대통령 탄핵 사유를 "직무집행에 있어서 헌법이나 법률을 위반한 때"라고 아주 간단히 규정하고 있습니다. 대통령이 헌법이나 법률을 위반하고 그 결과가 헌정 질서를 크게 문란하게 만들어서 대통령직을 계속 수행하기 어렵다고 판단되면 탄핵할 수 있는 것이지요. 2004년 3월 12일 소추된 노무현 대통령 탄핵 사건의 선고는 두달이 지난 5월 14일에 나왔는데, 노대통령이 선거법과 관련된 일부 법률을 위반한 사실은 인정이 되었지만 그것이 파면할 만큼 중대한 사유는 아니라는 이유로 탄핵은 기각됐습니다. 반면 2016년 12월 9일 소추된 대통령 박근혜 탄핵 사건은 석달 뒤인 3월 10일 인용되어 대통령이 파면됐습니다. 대통령이 국정 전반을 제대로 운영하지 못했을 뿐만 아니라 여러 형태로 혼란을 초래했다는 이유였습니다.

2024년 12월 3일, 대통령 윤석열은 난데없이 비상계엄을 선포했습니다. 야당이 다수의 힘으로 협력하지 않아 국정을 제대로 운영할 수 없다는 이유였습니다. 비상계엄은 헌법 제77조에 규정돼 있는데, 전쟁 상태처럼 아주 긴급한 사태를 맞았을 때 발동할 수 있는 권한으로, 전체적으로 보면 국회와는 항상 협의하도록 되어 있습니다. 그런데 엉뚱하게 다수당인 야당을 꼼짝 못하게 하여 국회를 사실상 마비시킬 의도로 비상계엄을 이용한 것이었지요. 결국 몇 시간 뒤 국회 요구에 따라 해제하고 말았지만, 아주 중요한 헌법상 권한을 잘못 행사했을 뿐 아니라 그 결과가 내란에 해당할 정도의 혼란을 초래했다는 이유로 대통령 윤석열은 12월 14일 탄핵 소추되었고, 2025년 4월 4일 헌법재판소에서 탄핵안이 인용되어 파면되었습니다.

헌법과 미래

지금까지 일반적인 헌법과 대한민국헌법에 관해서 개략적으로 살펴보았습니다. 모두 과거와 현재의 이야기였습니다. 법이란 원래 과거 지향적입니다. 앞을 내다보고 만들었다 하더라도, 결국 바람처럼 지나가는 일에 불과한 사건이라는 이름의 과거에 붙어 기능하는 것이 법이니까요. 그 모든 법을 포괄하는 최상위 규범인 헌법도 기본적으로는 마찬가지입니다. 그래도 헌법은 정치적 결단이 포함된 국가의 총체적 질서를 담았기에 현재와 함께 걷는다는 느낌을 줍니다. 그 질서 속에서 내가 살아간다고 생각하면, 한발 앞에서 끊임없이 현재를 만들어내는 미래가 궁금해집니다. 다른 법률들은 몰라도 그래도 헌법은 우리 미래에 희망을 비춰주어야 하지 않을까 하는 기대를 갖게 됩니다.

헌법에 거는 기대가 성급하게 현실로 나타나는 현상이 개헌 움직임입니다. 성급하다고 표현했다고 해서 제가 개헌을 반대하는 것은 아닙니다. 개헌을 주장하는 것도 당연히 아니고요. 필요할 때면 개헌을 해야 하기에 개헌 절차를 만들어놓은 것이지요. 하지만 그때그때 나오는 개헌 논의가 정말 우리의 미래를 위해서인지 정치적 이해관계나 당리당략의 계산에 따른 것인지 불분명하기 때문에 언제나 고개를 갸우뚱하게 됩니다. 사실 헌법의 위기가 헌법 때문에 생기는 경우는 없습니다. 헌법을 운용하는 정치 권력이 위기를 만들어낼 뿐입니다.

좋은 헌법이 국가를 발전시키고 국민을 잘살게 한다는 생각은 착각입니다. 그런 일은 있을 수가 없습니다. 모든 현실은 헌법 때문이 아니라 헌법의 운용 때문에 일어납니다. 다만 헌법은 국민에게 행복의 개연성을 제공합니다. 하나의 희망은 된다는 말입니다. 그것도 상징적 희망이 아니라 어느정도 구체성을 띤 희망입니다. 헌법 없이 도달할 수 있는 것보다 조금이나마 더 높은 가치의 단계로 국민과 국가를 고양시키는 것이 헌법의 역할입니다.

아마도 그것은 보이지 않지만 우리의 믿음으로 만들어내는 헌법 정신 때문일 것입니다. 헌법 정신은 우리가 지금까지 살펴본 근대 정신의 일부입니다. 근대 정신은 인간, 이성, 합리

성으로 요약할 수 있습니다. 신에게 의지하지 않고 인간 중심으로 돌아와서, 인간이 가진 이성의 힘을 믿고, 이성이 감성이나 다른 환경과 어울리며 만들어내는 상태를 우리 삶의 세계로 삼아야 한다는 것입니다.

인간은 언제까지나 지금과 같은 형태로 살지 않을 것입니다. 헌법이 그러한 미래의 구체적 모습을 예측할 수는 없어도, 미래를 향해 열려 있기는 합니다. 인간의 창의성과 의지에 따른 결정을 헌법이 인정하고 있으니까요.

헌법은 분명 미래의 유물일 가능성이 높지만, 하나의 상태이기도 합니다. 헌법은 평범한 상태를 유지하는 것 같지만, 아주 특별한 상황을 안고 있기도 합니다. 헌법은 나의 것인 동시에 너의 것이란 점입니다. 심지어 나와 적이 공유하는 헌법이기도 합니다. 물론 정치적 적을 말합니다. 우리는 가끔 정치적으로 다른 의견을 가진 사람들을 이겨야 할 경쟁자가 아니라 없애버려야 할 적으로 여깁니다. 그렇지만 정치적 적처럼 보이는 사람들도 같은 헌법 아래 함께 살아간다는 현실을 잊어서는 안 됩니다. 적대 관계를 경쟁자 관계로 바꾸어 타협할 수 있는 여지를 만들며 나아가야 바람직한 헌법 질서를 유지할 수 있습니다. 그것이 헌법이 기대하고 우리가 흔히 말하는 국민 통합입니다. 그런 사실을 이해하고 받아들인다면, 헌법과 함께 살아가는 일이 미묘하면서도 흔쾌해질 것입니다. 그렇게 된다면 헌법의 국민 통합 기능이 제대로 작동하는 셈이지요. 그것이 인간답게 사는 길일 수도 있습니다.

그렇다면 이제 헌법은 잠시 잊고, 각자 원하는 방향으로 산책이나 해보자고 제안합니다.

묻고 답하기

**국민은 헌법을 수호하는 역할을 맡아야 한다고 하셨습니다.
일상에서 헌법 수호를 실천하는 방법에는 무엇이 있을까요?**

국민 개개인이 헌법을 수호하려면, 헌법의 수범자가 헌법을 잘 지키는지 살펴보아야 합니다. 헌법을 지켜야 할 국가권력기구를 감시하는 것이 첫번째 방법이겠지요. 그런 감시 활동은 개인이 하는 방법이 있고, 단체를 통해 하는 방법이 있습니다.

개인이 혼자서 국가권력을 감시하려면 평소에 정치에 관심을 가져야 하겠지요. 여러 다양한 매체를 통해 우리의 문제가 무엇이며, 가장 쟁점이 되고 있는 문제가 어떤 것이며, 정부나 각 정당에서 어떻게 대응하고 있는지 대략 알아야 합니다. 그런데 이때 개인이 얻는 정보는 보통 편향된 것일 가능성이 높습니다. 예를 들면 자기가 좋아하는 매체만 이용하여 정보나 지식을 얻는 경우 어떤 문제에 대한 정확한 이해를 하는 데 실패하기 쉽다는 것이지요. 흔히 말하는 가짜 정보에 현혹될 수도 있고요. 따라서 일반적으로 널리 알려진 매체를 이용하는 것이 좋고, 그것도 성격이 다른 두가지 이상의 매체를 고루 활용하는 것이 좋겠습니다. 특히 논쟁이 심한 문제에 대해서는 서로 상반된 의견을 확인해보고 스스로 판단을 시도해보는 것이 좋은 훈련이 될 것입니다. 친구나 가까운 사람들과의 대화를 통해 다른 사람의 의견과 자기 의견이 어떻게, 또 어떤 점에서 같고 다른지 비교해보는 일도 도움이 되겠습니다.

그 과정에서 명백히 잘못된 국가권력의 행사를 발견하게 되면, 그다음에는 공식적으로 문제를 제기해야 합니다. 해당 기관에 항의한다든지, 지역구 국회의원이나 정당 사무실에 민원을 제기한다든지, 인터넷을 통해 의견을 발표하고 다른 사람의 지지를 호소한다든지 할 수 있습니다. 중요한 문제에 관해서는 공적 토론회나 집회 같은 데 참여하는 것도 하나의 방법입니다.

개인의 힘으로 국가권력 감시 활동을 효과적으로 하기는 쉽지 않습니다. 그럴 때 NGO 같은 단체의 힘을 이용할 수 있습니다. 자기 성향에 맞는 단체에 회원으로 가입할 수도 있고, 개별 문제에 관해 전문 단체에 문의할 수도 있습니다. 예를 들면 참여연대 같은 단체는 권력감시 운동을 주로 하는 단체인데, 그런 단체는 찾아보면 아주 많습니다.

누구나 이렇게 하기는 쉽지 않습니다. 자기 마음에 드는 단체를 후원하거나, 중요한 문제를 맞아 광장의 집회에 참석하는 것만으로도 헌법 수호자로서 큰 역할을 하는 것입니다. 한마디로 헌법을 지키는 데 조금이라도 적극적 역할을 하고 싶다면, 스스로 깨어 있는 시민이 되어야 한다는 생각이 있어야 할 것입니다.

헌법에 관한 책을 많이 쓰셨습니다. 이토록 헌법을 알리는 데 열중하시게 된 계기가 있으신가요?

법률가로 거의 40년 가까이 살아오다보니 일반 사람들보다는 헌법을 가까이 하게 되었습니다. 헌법 전문가라고 할 만큼 특별히 헌법을 공부하지는 못했지만, 우연히 헌법에 관심을 쏟고 공부하게 된 계기가 있었습니다. 어느날 책을 기획하고 편집하는 일을 하는 윤정훈이라는 분이 찾아와서 제안을 했습니다. 우리 헌법을 일반 국민 누구나 쉽게 이해할 수 있도록 해설서를 쓰면 어떻겠느냐는 계획을 말하더군요. 저도 누구나 읽고 이해할 수 있는 헌법 주석서를 하나 만들면 재미있겠다는 생각이 들어, 책을 쓰기로 약속을 해버렸습니다.

약속을 하고 나니 걱정이 되지 않을 수 없었지요. 고민이 생기면 다른 사람들을 둘러보게 되더군요. 평소 헌법을 비롯하여 법 제도 전반을 관찰하며 문제점을 골라내는 일을 일상으로 하는 법철학자 윤재왕 교수와, 노동자들을 위해 법률적 도움을 주는 일을 헌신적으로 하는 윤지영 변호사에게 함께 써보자고 했지요. 각자 헌법 조문을 나누어 설명하는 방식으로 쓰기 시작했는데, 윤지영 변호사는 주로 주말을 이용해 북쪽 멀리에 있는 카페에서 원고를 작성하더군요. 그 카페 이름이 '안녕'이어서, 완성된 책의 제목이 『안녕 헌법』(지안 2009)이 되고 말았습니다. 일반 시민들과 헌법이 친숙해질 것을 기대한 작명이기도 했지요.

시간이 지나자 헌법에 관심이 있는 다른 편집자가 나타나 『안녕 헌법』을 보완했는데, 그렇게 탄생한 책이 『지금 다시, 헌법』(위즈덤하우스 2016, 개정판 노르웨이숲 2022)이었습니다. 그 책은 국민들의 헌법적 관심을 불러일으키는 사건 덕분에 많이 알려지게 되었고, 저는 여러곳의 강연에 불려갔습니다. 그런데 책 내용 그대로 하는 건 재미가 없으니, 고심 끝에 세계 각국의 헌법이 어떻게 만들어지게 되었는지 따로 공부해서 강연하기 시작했지요. 그 내용을 모아 『헌법의 탄생』(바다출판사 2022, 개정판 2024)이란 책을 냈습니다. 그러다보니 마치 제가 헌법에 대해 꽤 많이 아는 사람처럼 돼버리고 만 것이지요. 그리고 마침내 아주 간편하고 쉽게 헌법과 만날 수 있는 작은 책을 만들자는 창비의 제안마저 염치없이 받아들이고 만 결과가 지금 이

순간입니다.

　제가 비록 헌법에 대해서 아주 제대로 알지는 못하지만, 이런 경위로 여러 사람들로부터 헌법에 대한 질문을 받고 또 거기에 대답하기 위해 혼자 공부하다보니 조금은 헌법적 지식을 쌓게 된 것입니다.

제가 일상에서 헌법 덕을 보는 순간이 있을까요? 있다면 어떤 사례가 있을까요?

헌법이 직접 경제적 이익을 가져다주거나 생활을 편하게 해주는 일은 없을 것입니다. 다만 헌법이 우리에게 주는 가장 큰 혜택은 국가라는 울타리일 것이 틀림없습니다. 우리로 하여금 국가라는 안정된 공동체 안에서 살 수 있도록 만들어주는 것이 헌법이기 때문입니다.

아주 중요한 것은 평소에 잘 인식하지 못하는 경우가 많습니다. 당연한 것이고 일상적인 것으로 여기기 때문입니다. 공기나 물 같은 것도 대표적인데, 황사 현상 등으로 대기가 나쁘면 비로소 그 중요성이나 가치를 새삼 깨닫곤 하지요. 국가라는 것도 그렇습니다. 우리가 태어나서 자라는 곳이 국가이다보니, 국가는 당연히 존재하는 것으로 알고 있을 뿐 그것이 어떻게 유지되고 얼마나 중요한지는 평소에 잘 느끼지 못합니다. 그러나 조금만 생각해보면 국가가 얼마나 중요한지 금방 알게 됩니다. 국익이나 뭐니 하면서 다른 나라와 분쟁이 생기는 경우에는 잘 알게 되지요. 국가가 아니면서 우리 생활을 안전하게 보장해줄 단체는 찾아보기 힘들 것입니다. 그래서 우리도 국가를 지키려고 하는 것입니다.

바로 그 국가가 존재하고 유지되도록 하는 장치의 하나가 헌법입니다. 우리를 보호해주는 국가라고 할 때 그 국가는 왕과 같은 군주가 통치하는 국가가 아니라, 주권자인 국민을 위해 국민에 의해 선출된 대표자들이 통치하는 근대국가를 말합니다. 앞서 살펴봤듯 근대국가는 헌법을 가지면서 탄생하게 됐습니다.

우리는 국민이기 전에 인간으로서 존엄성을 갖지만, 한 국가의 국민이기 때문에 구체적 보호를 받으며 생활할 수 있습니다. 그것보다 더 큰 헌법의 혜택이 있을 수 없겠지요.

변호사님이 가장 좋아하는 헌법 조항은 무엇인가요? 이유도 알려주세요.

지금 우리나라 헌법은 전문과 130개의 조문, 6개의 부칙으로 이뤄져 있습니다. 헌법 조문에 형식상 어느 것이 더 중요하고 덜 중요하고의 차이는 없습니다. 하지만 실제로는 장식적인 표현이 있는 반면 누구도 손댈 수 없는 중요한 조항도 있습니다. 헌법에서 가장 좋아하는 조항은 생각해본 적이 없는데, 질문을 받고 보니 하나 정해야겠다는 의무감이 드는군요.

하나 고르라고 한다면 제일 먼저 떠오르는 것은 제34조 1항 "모든 국민은 인간다운 생활을 할 권리를 가진다"입니다. 뭐 특별한 설명이 필요 없는 말이 아닐까요? 모두 인간답게 살 수 있다면 더 바랄 것이 뭐가 있겠습니까. 우리는 애당초 인간으로 태어났는데, 인간답게 살기가 쉽지 않다는 사실을 전제로 하는 말인 것 같기도 합니다. 헌법이 비로소 우리를 인간답게 살도록 해준다면 놀라운 일이기도 합니다. 그것은 헌법의 명령에 따라 국가가 모든 국민을 인간답게 살 수 있는 제도와 환경을 조성해야 한다는 의미입니다. 물론 인간답게 산다는 것이 어떤 것인지에 대해서도 사람마다 의견이 다를 수밖에 없습니다만, 인간이 인간으로서 품격을 유지하면서 사는 것의 의미나 가치까지 헌법이 고려하고 있다는 점만 하더라도 헌법이 우리에게 얼마나 중요한지 실감하게 합니다.

그리고 이 조항은 "모든 국민은 인간으로서의 존엄과 가치를 가지며, 행복을 추구할 권리를 가진다"는 제10조와도 서로 통합니다. 두 조문을 번갈아가며 읽으면 서로 의미를 보충한다는 것을 느낄 수도 있지요. 여기에 하나 더 보탠다면, 제37조 1항입니다. "국민의 자유와 권리는 헌법에 열거되지 아니한 이유로 경시되지 아니한다." 헌법이 규정한 기본적 권리는 예시에 불과한 것이라는 말입니다. 헌법에 나열되지 않았다 하더라도 인간으로서 가져야 할 권리는 모두 보장된다는 말인데, 그래야 존엄성도 유지하고 또 인간답게 살 수 있겠지요.

이러한 중요한 권리에 관한 선언을 인간으로서가 아니라 국민으로서 국가로부터 보장받는다는 말은 어떻게 느껴지나요? 우리는 이 점 때문에 헌법의 덕을 보고 있다고 느끼는 것일까요? 사실 국가는 국민뿐 아니라 그 국가에 일시적으로 머무는 외국인이나 무국적자 들도 국민처럼 보살펴야 옳을 것입니다. 다만 구체적 사정에 따라 국민과 국민이 아닌 사람을 항상 똑같이 대우할 수는 없다고 생각하고 있습니다. 난민이나 이민을 받아주느냐 마느냐 하는 논쟁은 그래서 일어나는 것이지요. 이런 문제는 세계 헌법이 있어야 해결될까요?

다른 나라 헌법과 비교했을 때 드러나는 대한민국 헌법만의 특징이 있나요?

우리나라 헌법만의 가장 큰 특징은 한국어로 쓰여 있다는 점이라고 말하려 했는데, 그 순간 조선민주주의인민공화국 헌법이 떠오르는군요. 영어나 스페인어로 쓰인 헌법은 많겠지만, 한국어로 된 헌법은 두 나라에밖에 없습니다. 일본어로 된 헌법은 아마도 일본 헌법이 유일하겠지요. 그러면 대한민국만의 헌법적 특징은 없는 것일까요?

그렇지는 않습니다만, 우리 헌법만의 것이라고 뚜렷이 내세울 만한 특성이 두드러지지도 않습니다. 그 이유는 대부분의 근대국가에서 헌법이 탄생하게 된 배경이나 기본 이념이 같거나 비슷하기 때문입니다. 다만 나라 고유의 문화적 전통이나 종교적 특성에 따라 특유의 내용이 들어 있는 경우가 있고, 국가의 정치적 상황에 따라 고유의 제도를 두는 경우도 있습니다. 하지만 그런 경우에도 그 헌법을 다른 헌법과 근본적으로 다른 것으로 만드는 중요한 부분이라고 할 수 있는 예는 드물 것입니다.

지금 사용하고 있는 우리 헌법은 1987년에 전면 개정한 것입니다. 이 헌법은 군사독재에 대한 시민의 저항으로 쟁취한 것이어서 대통령 직선제를 채택하게 되었습니다. 대통령 직선제는 다른 국가에서도 많이 채용하고 있는 제도일 뿐 아니라 우리도 경험이 많은 제도입니다만, 1987년 개헌 때는 한 사람의 대통령이 장기 집권하는 것을 방지하는 데에 초점을 맞추다보니 5년 단임제로 규정했습니다. 5년 단임제 대통령 제도는 세계에 흔하지 않습니다. 어쩌면 유일할지도 모르겠습니다.

우리 헌법 제92조는 민주평화통일자문회의에 관한 규정입니다. 이는 대통령의 평화통일 정책 수립에 관한 자문기관인데, 남북 분단국이라는 특수한 상황에 놓인 우리나라만의 헌법 조항이 되겠습니다. 통일이 되면 이런 조항은 필요없게 되겠지요.

세상이 바뀌면 헌법도 바뀌어야 할 텐데, 앞으로 논란이나 개정 논의의 가능성이 있는 헌법 조항, 또는 깊은 사회적 숙고가 필요한 헌법 조항을 꼽는다면 어떤 것이 있을까요?

세상이 바뀌면 헌법이 바뀌어야 한다는 의견이 당연한 듯 보이지만, 헌법을 굳이 바꾸지 않아도 된다는 견해도 엄연히 존재합니다. 앞서 말했듯, 헌법 자체 때문에 문제가 발생하는 경우는 극히 드물다는 생각입니다. 우리 현실에서 생기는 정치적 문제는 헌법 때문이 아니라 헌법의 운용 때문에 발생한다는 것이지요.

그런데 아주 근본적인 부분에 변화가 생기면 헌법을 바꿔야 할 수도 있습니다. 반려동물에게도 법적 인격을 부여하여 재산을 상속받을 수 있게 하자는 인식이 일반화하는 경우를 예로 들 수 있겠습니다. 사람과 법인 외에 일정한 동물에게도 법인격을 부여하여 법률행위의 주체로 인정해야 한다고 세상의 인식이 바뀌면, 헌법도 그에 맞추어 바꿔야 하겠지요. AI가 장착된 로봇에게도 비슷한 상황이 전개될 수 있겠고요. 이런 경우 세계관이나 가치관 자체의 변화에 부응하기 위해서는 헌법도 새로운 스타일로 바꿔야 한다는 주장이 설득력을 가질 것 같습니다.

그러나 그런 경우에도 반드시 헌법을 바꿔야 하는 것은 아닙니다. 법률로 규정해도 목적을 달성할 수 있는 경우에는 굳이 헌법을 바꾸지 않아도 되겠지요.

헌법이 미래 세계에 대비할 수 있느냐는 문제는 흥미롭지만 현실적으로 다급하지는 않다고 말할 수 있습니다. 법이 미래의 변화를 예측하고 그 내용에 맞게 먼저 체계를 갖추고 기다릴 수는 없기 때문입니다. 법은 과거지향적이라고 할 수 있지요. 언제나 지난 일을 처리하는 도구 역할을 합니다. 헌법도 마찬가지입니다. 헌법이나 법이 미래의 변화에 미리 대비할 수 있는 방안이 무엇인지는 법철학자를 비롯한 소수의 사람들에게만 관심의 대상이 되고 있을 뿐입니다.

**디지털 시대에 맞춰 헌법에서 보완돼야 할 부분이 있을까요?
예를 들면 개인정보 보호나 AI 윤리 등이 헌법에서 어떻게 다
뤄질 수 있을까요?**

마찬가지라고 생각합니다. 헌법이 모든 것에 대비하면 좋
겠지만, 뾰족한 방법이 없습니다. 헌법은 세세하게 규정하는
것이 아니라 일반적이고 포괄적으로 표현합니다. 세부적인 것
은 법률에 맡기지요. 시시각각 변하는 세상만사에 맞춰 헌법을
즉시 바꾸기 힘들기 때문입니다. 헌법은 기본 원칙에 해당하는
사항들을 선언하고, 구체적인 사항은 그 범위 내에서 법률이
처리하도록 하는 것이지요.

예를 들면 행복추구권이라는 헌법상의 권리는 아주 많은
것을 동시에 해결할 수 있습니다. 행복추구권이 구체적 권리냐
아니냐에 대해서 헌법학자들 사이에 논란이 있지만, 헌법재판
소는 권리로 인정하고 있습니다. 소주 같은 특정 상품의 판매
지역을 제한하는 법은 소비자가 자유롭게 소주를 사서 마실 수
있는 행복추구권을 침해한다고 했거든요. 심지어 검사가 범죄

혐의가 없는 사람을 혐의가 있는 것처럼 처분한 경우에도 행복추구권을 침해했다고 했습니다. 만약 AI 시대를 맞아 편리하게 AI를 사용할 수 없는 불합리한 처지에 놓이게 될 때는, 굳이 헌법에 그러한 규정을 따로 두지 않아도 기존의 행복추구권 조항을 이용해 해결할 수 있습니다. 행정 당국이 국민의 AI 사용에 관해 적절한 조치를 취하지 않는 부작위(不作爲)를 국민의 행복추구권 침해로 판단하게 되는 것입니다.

그렇지만 세상은 급속도로 변하는데 헌법은 낡은 것을 유지하면서 탄력적 해석으로 해결하려 드는 것을 구태의연하고 못마땅한 태도로 보는 견해도 있습니다. 헌법도 시대에 맞추어 새로운 모습을 갖추어야 한다는 것이지요. 앞으로 AI 시대가 어떻게 펼쳐질지 예측이 불가능한데다, 벌써부터 'AI 주권'이라는 말도 나오고 있거든요. 당연히 옳은 말입니다. 미래적 전망이 없는 헌법이라면 매력이 떨어지는 것도 사실이지요.

그렇다고 헌법이 미래로 달려가 기다리거나, 미래 사회를 예측한 결과를 전제로 헌법을 만들 수는 없습니다. 마찬가지로 헌법을 자주 개정하기도 쉽지 않지요. 가장 적절한 방법은 상황에 따라 국민적 합의를 통해 헌법을 유지하든지 개정하든지 하는 것입니다.

탄핵심판 같은 국가 중대사가 있을 때마다 헌법재판소가 화제에 오릅니다. 헌법재판소는 구체적으로 어떤 일을 하나요? 일반 법원과는 뭐가 다른가요?

일반 법원에서는 재판을 하고, 헌법재판소에서는 헌법재판을 합니다. 법원의 재판에서 기준이 되는 것은 법입니다. 일반 법원에서도 법률 외에 헌법을 판단의 기준으로 삼는 경우가 있습니다만, 그때 헌법은 예외적이고 보조적인 역할을 합니다. 법원에서 헌법만으로 재판을 하는 경우는 없습니다. 그러나 헌법재판소에서는 헌법만을 판단의 근거로 삼습니다.

앞에서 헌법은 일반 국민이 아닌 국가권력기구가 지켜야 하는 법이라고 했습니다. 그러니 헌법재판에서는 개인과 개인이 맞서 싸우는 일이 없습니다. 개인과 국가기관 또는 국가기관과 국가기관 사이에서만 벌어지는 재판이 헌법재판입니다. 헌법을 지켜야 할 국가기관이 헌법을 지키지 못했다는 의심이 드는 경우에 헌법재판이 벌어지게 되므로, 문제가 된 사건의 어느 한쪽은 반드시 국가기관이어야 하는 것이지요.

헌법재판의 종류는 나라마다 다릅니다. 우리나라에는 위헌법률심판, 탄핵심판, 정당해산심판, 권한쟁의심판, 헌법소원심판의 다섯가지 헌법재판이 있습니다. 국회가 만든 법이 위헌이냐 합헌이냐를 가리는 것이 위헌법률심판입니다. 일반 재판을 하다가 어떤 법률이 위헌의 가능성이 있다고 판단할 때 법원의 결정에 따라 헌법재판소에서 위헌 여부를 결정해달라고 제청하여 이뤄지는 헌법재판입니다. 그리고 대통령을 비롯한 주요 공무원이 헌법이나 법률을 위반하여 그대로 둘 수 없을 때 파면할 것인지 여부를 판단하는 절차가 탄핵심판입니다. 정당해산심판은 정당을 강제로 해산시킬 수 있는 제도입니다. 어느 정당의 목적이나 활동이 헌법질서를 심각하게 어지럽힐 경우 정부가 그 정당을 해산시켜달라고 헌법재판소에 청구하면 심판이 시작됩니다. 정부의 대표로 대통령이 청구하지요. 실제로 우리 헌법재판소는 2014년 통합진보당을 해산하는 결정을 했습니다. 다음으로 국가기관이나 지방자치단체 사이에서 서로 권한에 관해 분쟁이 생기는 경우, 어느 것이 어느 기관의 권한이라는 것을 판단해주는 작용이 권한쟁의심판입니다. 마지막으로 헌법소원은 일반 국민들과 가장 밀접한 관계에 있는 헌법재판입니다. 국가기관의 권한 행사로 인해 개인이 헌법상 보장되는 기본권을 침해당한 경우 개인의 청구에 의하여 심판 절차가 이뤄집니다. 누가 고소를 했는데 검사가 불기소처분을 하여 피의자를 처벌하지 않은 경우, 그로 인하여 자신의 재산권 등 기본권을 침해당했다고 생각하면 헌법소원을 제기할 수 있습니다.

일반 법원은 지방법원부터 대법원까지 심급별로 수많은 법원이 전국에 배치되어 있지만, 헌법재판소는 오직 하나이며 재판부도 하나입니다. 일반 법원의 판사는 대법관을 제외하고 모두 법원조직법에 따라 일정한 절차를 거쳐 대법원장이 임명하는데, 헌법재판소 재판관은 대통령이 임명합니다. 판사는 전국에 수천명이 근무하는데, 헌법재판관은 오직 9명뿐입니다 (사건에 관한 조사나 연구를 통해 헌법재판관을 돕는 헌법연구관들이 있습니다). 법원의 재판 장소는 법정이라고 하고, 헌법재판소 재판 장소는 심판정이라고 부르는 것도 다른 점이군요.

헌법을 바꾸는 건 왜 이렇게 어렵나요. 그냥 투표로 바꾸면 안 되나요?

헌법이나 법을 처음으로 만들 때 '제정'한다고 표현합니다. 그것의 전부 또는 일부를 수정할 필요가 있을 때는 '개정' 작업을 하지요. 그리고 완전히 필요가 없다고 판단할 때에는 '폐지' 합니다. 제정, 개정, 폐지가 법의 일생이라고 할 수 있지요.

하지만 헌법은 혁명이나 쿠데타같이 아주 특별한 상황이 벌어지지 않는 한 폐지를 상상하기 어렵습니다. 폐지가 없으니 제정도 처음 만들 때 한번뿐이겠지요. 즉 헌법은 한번 제정하면 국가가 존속하는 한 계속 유지된다고 보는 것이 보통입니다.

헌법은 모든 법의 상위에 존재하는 최고법이고, 국가의 존립을 위한 기본 이념을 담고 있기 때문에 모든 면에서 일반 법률과는 다릅니다. 개정할 때도 그렇습니다. 세계적으로 헌법을 개정하는 데는 크게 두가지 방식이 있습니다. 헌법개정을 일반 법률개정보다 어렵게 하는 방식과, 일반 법률과 같은 절차로 하는 방식입니다. 개정이 어려운 헌법을 경성헌법, 일반 법처럼 쉬운 헌법을 연성헌법이라고 부릅니다.

헌법은 그 국가의 사회 현실을 바탕으로 제정됩니다. 제정된 이후에는 사회질서가 헌법 질서를 따라야 합니다. 헌법은 한번 만들어놓으면 그대로인데, 사회 현실은 끊임없이 변화합니다. 그 변화가 심해지면 사회 현실이 헌법의 변화를 요구하게 됩니다. 그러나 여러번 강조했듯 사회 변화가 요구하는 대로 헌법을 수시로 바꿀 수는 없습니다. 현실의 변화에 바로 대응해야 할 사항은 법률로 해결하고, 그것으로 부족한 경우는 기존의 헌법을 현실에 맞게 탄력적으로 해석하는 방법으로 대응합니다. 그러나 그것으로 도저히 감당할 수 없을 정도로 현실의 요구가 강해지면, 헌법개정의 필요성을 정치적으로 검토하고 동시에 국민의 의사를 묻습니다. 그러니 헌법의 개정은 법의 개정보다 어려운 것이 당연합니다.

우리 헌법은 경성헌법입니다. 일반 법률은 국회에서 재적 의원 과반수 출석과 출석 의원 과반수 찬성으로 의결하면 됩니다. 그에 비해 헌법은 대통령이나 국회의원 과반수가 제안하면, 먼저 재적 의원 3분의 2 이상 찬성으로 국회를 통과해야 합니다. 다음으로 국민투표에서 선거권자 과반수가 투표하고 투표자 과반수가 찬성해야 확정됩니다.

독일 같은 나라는 우리와 달리 연성헌법입니다. 개헌이 필요하면 의회에서 일반 법률과 같은 절차를 거쳐 의결하면 그것으로 끝입니다. 우리처럼 국민투표를 거치지 않아도 됩니다. 독일은 2차대전 이후로 지금까지 국민투표를 단 한차례도 한 적이 없습니다. 국민투표로 인한 정치적 혼란을 방지하기 위해서입니다. 서독과 동독이 통일되고 난 이후에도 마찬가지였습니다.

법을 공부하고 싶은 고등학생입니다. 기본적인 헌법 공부의 필요성을 말씀하셨습니다. 헌법을 공부하려면 어떻게 해야 하나요? 법조문을 외워야 하나요? 변호사님만의 헌법 공부 방법이 있으면 알려주세요.

공부에는 왕도가 없다고 하는데, 헌법 공부도 다를 바가 없습니다. 헌법을 알면 국내 정치 현상을 이해하는 데 도움이 되니 어느정도 할 필요는 있다고 하겠습니다.

헌법을 알기 위해서 헌법 조문을 한번 이상 읽는 것은 반드시 필요합니다. 대체로 읽으면 이해가 되겠지만, 잘 알 수 없는 부분은 전문가에게 질문하거나 책을 통해 스스로 확인할 수밖에 없습니다. 요즘은 AI에게 물어봐도 되겠습니다.

헌법 조문만으로 해결이 안 되는 경우도 있습니다. 다른 법까지 읽어야 헌법을 이해할 수 있는 경우도 많습니다. 예를 들어 입법 과정에서 어떤 법을 만들자고 제안할 수 있는 법률안 제출권은 헌법 제52조에 따라 국회의원과 정부에만 있습니다. 그러나 실제로는 국회의원 혼자서 법률안을 제출할 수 없습니다. '국회법'에서 국회의원 10명 이상의 찬성이 있어야 제출할 수 있도록 정하고 있기 때문입니다. 또 헌법 제71조는 대통령이 직무를 수행할 수 없을 때 법률이 정한 국무위원 순서대로 직무를 대행한다고 규정합니다. 그 국무위원의 순서는 '정부조직법'을 봐야 알 수 있습니다. 헌법 제101조 1항은 "사법권은 법관으로 구성된 법원에 속한다"입니다. 그런데 법관의 자격은 무엇이며 법원에는 어떤 종류가 있는지 궁금하다면 '법원조직법'을 찾아보아야 합니다. 그러므로 조문을 읽어 공부하는 것이 좋은 방법이기는 한데, 헌법만 읽어서는 부족하고 관련된 법을 두루 찾아보아야 도움이 될 것입니다.

일반인들을 위한 헌법 관련 책도 많습니다. 여러분이 읽고 있는 이 책은 100그램 정도의 무게를 지니도록 간편하게 만든 것이므로 쉽고 빠르게 헌법의 기본을 이해하는 데 도움이 될 것입니다. 우리 현행 헌법 조문을 하나하나 해설한 책으로 앞서 소개한 『지금 다시, 헌법』이 있고, 최근에는 서울대 이효원 교수가 『일생에 한번은 헌법을 읽어라』(현대지성 2024)라는 같은 형식의 책을 내기도 했습니다. 경북대 김두식 교수의 『헌법의 풍경』(개정판 교양인 2011)은 우리 현실과 헌법의 관계에 대해 여러 생각할 거리를 진지하게 다루어서 오랫동안 많은 사람이 읽고 있습니다. 헌법의 전반적인 부분을 알고 싶으면 김진

한 변호사의 『헌법을 쓰는 시간』(개정판 메디치미디어 2025)을 보아도 좋습니다. 헌법의 역사와 의미를 깔끔하게 이해하고 싶다면 아주대 김영란 석좌교수의 『김영란의 헌법 이야기』(풀빛 2020)를 펼치면 되고, 인내심을 갖고 세세하게 알고 싶다면 제가 쓴 『헌법의 탄생』이 있다는 것도 알려 드립니다.

기억하고 싶은 문장

"국민의 자유와 권리는 헌법에 열거되지 아니하는 이유로 경시되지 아니 한다." (헌법 제37조 1항)

헌법에 나열되지 않았다 하더라도 인간으로서 가져야 할 권리는 모두 보장됩니다. 그래야 존엄성도 유지하고 또 인간답게 살 수 있겠지요.

"국민의 자유와 권리는 헌법에 열거되지 아니 하는 이유로 경시되지 아니 하라" (헌법 제37조 1항)

헌법 없이 도달할 수 있는 것보다
조금이나마 더 높은 가치의 단계로
국민과 국가를 고양시키는 것이 헌법의 역할입니다.

헌법은 국민에게 행복의 개연성을 제공합니다. 하나의 희
망이 된다는 말입니다. 그것도 상징적 희망이 아니라 어느정도
구체성을 띤 희망입니다.

헌법 없이 도달할 수 있는 것보다
조금이나마 더 높은 가치의 단계로
국민과 국가를 고양시키는 것이 헌법의 역할입니다.

국가기구의 권력은 그 기관을 위한 것이 아니라
국민의 기본권 보장이라는 목적, 달성을 위한
수단이기 때문에 '권한'이라고 부릅니다.

　기본권 보장은 당연하지만, 권력기구의 권한은 당연한 것
이 아닙니다. 내버려두면 어떤 폭력을 행사할지 모릅니다. 국
가권력은 그 권한을 엄격히 정하고 한계를 분명히 그어놓아야
그 목적인 국민의 기본권 보장을 위해 작동하고 범위를 벗어나
엉뚱한 길로 가는 위험을 예방할 수 있는 위태로운 것입니다.

국가기구의 권력은 그 기관을 위한 것이 아니라
국민의 기본권 보장이라는 목적 달성을 위한
수단이기 때문에 '권한'이라고 부릅니다.

우리 현실의 정치적 문제는 헌법 때문이 아니라
헌법의 운용 때문에 발생합니다.

　　좋은 헌법이 국가를 발전시키고 국민을 잘살게 한다는 생
각은 착각입니다. 헌법이 미래로 달려가 기다리거나, 미래사회
를 예측한 결과를 전제로 헌법을 만들 수도 없습니다. 보이지
않지만 우리의 믿음으로 만들어내는 헌법 정신이 중요합니다.

우리 현실의 정치적 문제는 헌법 때문이 아니라

헌법의 운용 때문에 발생합니다.

교양100그램 6

처음 만나는 헌법

초판 1쇄 발행 / 2025년 4월 18일

지은이 / 차병직
펴낸이 / 염종선
책임편집 / 박주용
조판 / 신혜원
펴낸곳 / (주)창비
등록 / 1986년 8월 5일 제85호
주소 / 10881 경기도 파주시 회동길 184
전화 / 031-955-3333
팩시밀리 / 영업 031-955-3399 편집 031-955-3400
홈페이지 / www.changbi.com
전자우편 / human@changbi.com

ⓒ 차병직 2025
ISBN 978-89-364-8079-0 03360

* 이 책 내용의 전부 또는 일부를 재사용하려면
  반드시 저작권자와 창비 양측의 동의를 받아야 합니다.
* 책값은 뒤표지에 표시되어 있습니다.